社交陷阱

识人心 懂人性 会应酬

社交避坑指南

弘祥 ◎ 著

做人有心机 办事有手腕

民主与建设出版社
·北京·

图书在版编目（CIP）数据

社交陷阱 / 弘祥著. -- 北京：民主与建设出版社，
2024. 2（2024. 5 重印）

ISBN 978-7-5139-4458-8

Ⅰ. ①社… Ⅱ. ①弘… Ⅲ. ①心理交往–通俗读物
Ⅳ. ①C912. 11-49

中国国家版本馆 CIP 数据核字（2024）第 010741 号

社交陷阱
SHEJIAO XIANJING

著　　者	弘　祥
责任编辑	王　颂
封面设计	黄元琴
出版发行	民主与建设出版社有限责任公司
电　　话	（010）59417747　59419778
社　　址	北京市海淀区西三环中路 10 号望海楼 E 座 7 层
邮　　编	100142
印　　刷	三河市新科印务有限公司
版　　次	2024 年 2 月第 1 版
印　　次	2024 年 5 月第 2 次印刷
开　　本	710 毫米×1000 毫米　1/16
印　　张	15
字　　数	192 千字
书　　号	ISBN 978-7-5139-4458-8
定　　价	59. 80 元

注：如有印装质量问题，请与出版社联系。

序言

戴尔·卡耐基经过长期研究得出结论：专业知识在一个人的成功过程中所起的作用只占15%，而其余的85%则取决于他的人际关系。

在人际交往中，我们要面对复杂的人性和利益，识别繁多的风险和诱惑，遵守既定的规矩和心理习惯。任何一个环节出了问题，都会给我们带来难以估量的损失。

◎陈燕大学刚毕业，初入职场，无论做什么她都小心谨慎。每逢节假日，只要有人请她帮忙代岗值班，她都会满口答应。久而久之，陈燕变成了值班专业户。

◎王涛性子直，说话嗓门大，见到他人喜欢直呼其名。有一次，销售经理正在接待客户，王涛在门口大喊："老李，有你的快递。"销售经理阴沉着脸走出去，王涛竟然浑然不觉。

◎马凯来公司三年多了，凭借出色的业绩成为销售经理的热门候选人。然而一周后，他落选了。原来，老板曾在两个候选人之间举棋不定。一次，老板与门卫闲聊，竟得知马凯仗着业绩出色耍威风，得罪了不少基层员工。由此，马凯最终出局。

◎李静总是喜欢背后议论他人。有一次，她拉着部门主管不停地唠叨，说新来的孙娜这里不好，那里不好。主管频频点头，并没有说什么。但李静做梦也没想到，孙娜竟是部门主管的侄女。此后，李静在公司备受冷落。

在社会上行走，一定要避开社交陷阱。如果与人打交道时不懂人情世故，频频犯错，那么，无论如何努力也无济于事。换句话说，社交能力不及格，意味着我们从一开始就注定了没有成功的可能。

有的人无法在一段关系中赢得爱情，有的人不能在工作中打开局面，有的人很难赢得上司的赏识和倚重……说到底，这些人并非情商低、口才不佳，而是在社交中犯了禁忌，而高效社交的基础正是在人际交往中少犯错，成功避开社交陷阱：要逃离沟通的陷阱，躲避识人的陷阱，摆脱关系的陷阱，跨越交往的陷阱……

要想在人际交往中游刃有余，首先要知人性、懂规矩、明深浅，避免掉进各种坑里。本书概括总结出了20条高效能社交的避坑指南，旨在帮助年轻人尽快融入社会，帮助职场人士早日完成逆袭，帮助商界精英提升人脉圈的含金量。

目录

第一篇　躲避识人的陷阱

第03章　防备小人：保持戒心才不会腹背受敌 ·················· 29

　　文化学者余秋雨说：研究小人，是为了看清小人，给他们定位，以免他们继续频频地骚扰我们的视线。如果我们想有所作为，必须学会和小人打交道，否则被暗箭中伤，一切都无从谈起了。

第04章　远离损友：果断拒绝不断消耗你的人 ·················· 39

　　孔子说过："益者三友，损者三友……友便辟，友善柔，友便佞，损矣！"逢迎谄媚的人，表面温柔而内心狡诈的人，花言巧语的人，都要敬而远之，因为他们占用我们的时间，消耗我们的精力，损害我们的利益，是必须远离的损友。

第05章　预判失误：忽视小人物会栽大跟头 ·················· 51

　　尊重身边的小人物，是成年人社交的潜规则。小人物不是小人，他们虽然职位低微、身份普通，却数量巨大，会在关键时刻影响我们的利益，左右我们的命运。忽视小人物，鄙视小人物，无异于给自己树敌，到头来往往会吃大亏。

第二篇　逃离沟通的陷阱

　　病从口入，祸从口出。在人际沟通中，话不能乱讲，要遵守特定的规矩。比如，中国古人讲究"喜时不诺，怒时不争，哀时不语"。在不同的社交场合，讲话守规矩的人既懂人情，也知世故，因此混得风生水起。

　　生活中，各种社交场合应接不暇。从结婚庆典、生日聚餐到公司会议、商务谈判，在不同的场合接触不同的人，要善于讲场面话，主动为他人捧场。你说的每句话既有的放矢，又恰如其分，才能彰显你的社交软实力。

第三篇　摆脱关系的陷阱

第14章　抬高底线：你的善良必须有点儿锋芒 ……………… 155

做人要善良，但是不能无谓地善良。在复杂的人际关系中，如果习惯了吃亏、沉默，总是委屈自己，不懂得拒绝他人，这实际上是放弃了社交的底线。一味地善良换不来友谊，唯有自带锋芒才能让人见识到你不好惹的一面，在一段关系中站稳脚跟。

第15章　因果定律：别人怎么对你，都是你教的 ……………… 165

没有无缘无故的爱，也没有无缘无故的恨。任何一段糟糕的关系，都可以从自己身上找到原因。别人为何这样对你，离不开你的回应。假如你频繁纵容对方，终究会把自己逼上绝境。

第16章　人心难测：不怕真敌人，就怕假朋友 ……………… 175

糖和盐一样，如果不品尝一下味道，很难辨别二者。人和人打交道也一样，人心最难测，如果不经过时间、利益的检验，你永远不知道对方内心是善良的，还是丑恶的。面对复杂的人性和关系，要始终保持警惕。

第四篇　跨越交往的陷阱

爱需要包容，无论在爱情里，还是在婚姻里，都不能少了一颗宽容的心。对爱人斤斤计较，无法容忍对方的缺点，这段关系注定不会长久。我懂你的欲言又止，你懂我的言外之意，这样，二人才能契合一生。

办公室并不是一片净土，相反，这里充斥着各种各样的矛盾与利益纷争。即使我们极力避免与同事为敌，但总会有人暗地里搞鬼，唯恐天下不乱。从利益这个视角审视一切，更容易看清职场真相，越过职场的险滩。

第一篇

躲避识人的陷阱

成功有效的社交从识人开始。如果我们不理解人性、无法识别谎言、对小人没有提防、被损友持续消耗、忽略了小人物，势必导致人际关系一团糟，即使我们有再大本事也只能望洋兴叹。成为识人高手，是躲避社交陷阱的第一步。

第 01 章　正视人性

混得不好是对人性的认知太少

当我们在人际交往中四面楚歌、一筹莫展时，从人性方面去思考，许多问题往往会迎刃而解。看透人性、理解人的心理与利益诉求是高效社交的基础，是与他人处好关系、干成大事的前提。

人们喜欢"善良"的对话方式

当你大发雷霆，教训别人之后，你的情绪得到了宣泄，心情变得舒畅。但是被你训斥的人会怎么样，他会分享你的快乐吗？你的挑衅和充满敌意的态度能够让对方心服口服吗？很显然不会。

一位谈判专家说过，"当你紧握双拳，我也必定会挥拳相向。如果你说：'我们坐下来聊聊，如果我们意见不一致，那么这正是一个相互了解的绝佳机会。'如此，我们或许能够发现彼此原来有许多共识。很多时候，针锋相对其实没有必要。我们如果能够表现出足够的耐心、诚心，握手言和的机会有很多。"

卡特是一位工程师，他想少支付租金，但是房东却不太讲人情。于是他给房东写了一封信，告诉对方租期到了就会尽快搬出去。其实卡特不想搬走，如果租金能降一些，他还是很乐意住在这里。但是情况并不乐观，一些房客尝试过，但基本失败了。大家都说，房东是个不好打交道的人。但是卡特还想试一试。

房东收到卡特的信之后，就和经纪人找上门来。卡特在门口遇到了他们，并向房东表示歉意。卡特的态度很友好，也很热情。他并没有直接说房租有多高，而是说自己很喜欢这个公寓。卡特的赞美很真诚，他赞美房东对公寓经营有道，还说自己想继续住在这里，却负担不起房租。

可能没有人这样赞美过房东，他有些不知所措。接着，房东说出了自己的烦恼。房客们怨声载道，持续不断地给房东写信，其中一个人写了十几封信，有一些信中夹杂着辱骂的话语。还有人威胁房东要毁约，除非房东有办法让楼上的人停止打呼噜。

"有你这样让人满意的房客，真是一件令人欣慰的事。"接着，房东主动提出要将房租减少一点。卡特还想再降一点，于是说了一个自己能负担得起的数目，房东连考虑一下都没有，就答应了。

房东离开的时候，还特意问了一句，"还有什么我能为你做的吗?"不难想象，如果卡特像其他房客一样，粗鲁地对待房东，那么对方肯定不会同意降低租金。是卡特的友好、体谅、赞美帮他赢得了好感，实现了目的。

早在一百多年前，林肯就说过这样的话："一滴蜜远比一加仑胆汁更能吸引飞蝇。"这一谚语对任何人都适用。在人际交往中，如果你想得到别人的认同，请先让对方相信你是可靠的伙伴，这是俘获对方心灵的一滴蜜糖;凭借这滴蜜糖，你可以赢得对方的心。

（1）人们不会轻易改变自己的想法。

如果对方的心中充满了仇恨，你用任何逻辑、道理也无法说服他。不管是抱怨的父母、专横的领导，还是跋扈的丈夫、唠叨的妻子，每个人都应该认识到这一点——没有谁愿意轻易改变自己的想法。你根本无法强迫对方认同你的观点。但是如果我们温和而友好，也许他们反而更容易被感动，站在我们这一边。

（2）非暴力沟通更容易达成所愿。

在人际交往中，非暴力沟通更受欢迎:没有激烈的言辞，没有胁迫，也没有采取强制的方法，也没有把自己的观点强加给别人。一位优秀的辩护律师从来不会盛气凌人，他强有力的辩护是在友好的言辞下完成的:"请陪审员予以考虑""这点值得我们考虑""关于这里的事情，相信大家不会忽视"，还有"大家都熟知人性，对于这些事情的重要性大家都心如明镜"。显然，非暴力语言帮他赢得了一切。

公元前 600 年，生活在克罗伊斯宫廷里的一个希腊奴隶写下了一句不朽的话：太阳比风更容易使你脱掉外套；温和、善良的交流方式和赞美比强迫更能使人们改变想法。这个人就是伊索，今天每个人都应该牢记他的忠告。

忽视对方的兴趣就无法产生共鸣

在与他人交往的过程中，你是否会发现你经常会给他人和自己造成一定的困扰，甚至会影响到你与他人的关系？这实际上是缺乏共情能力的表现，之所以会这样，是因为你经常忽视他人的兴趣，以至于你们无法产生共鸣。

兴趣是最好的老师，是我们人生的指路灯，也是我们与他人沟通的敲门砖。社恐、与他人"话不投机半句多"、害怕说错话……这些问题的根源在于不会与人沟通，不会发现他人的兴趣点。

很多人都经历过相亲。两个从未见过面且对对方一无所知的人尴尬地坐在那里，如果找不到共同的聊天话题，这场相亲必然会无疾而终。

而真正能走到一起的人，在聊天时必然会发现对方的兴趣爱好。女生介绍自己喜欢旅行、绘画、养宠物，男生如果想继续与女生沟通，便会聊女生感兴趣的话题，如果二人之间的很多兴趣爱好都是重合的，便会产生共鸣，那么，二人必然会有下一次的约会。相反，如果男生回答的内容总是与女生存在很大的差异，比如，女生"喜欢养猫"，而男生"从小便讨厌猫"，那么，二人连最基础的交流都存在障碍，再进行进一步的了解必然是不可能的。

兴趣也是维系关系的一种重要手段。

小丽在没有结婚之前酷爱钢琴，从小练习钢琴的她最喜欢与人讨论有关钢琴的话题。正是因为共同的兴趣爱好，她才选择了与同样喜欢音乐的小刚结婚生子。

但是，婚后家庭的重压使小丽无法再全身心地投入到对钢琴的喜爱中，丈夫对音乐的喜好也随之慢慢减弱。他们每天聊的话题都是家长里短，生活冲淡了他们对音乐的热爱。对丈夫来说，维系家庭才是最重要的，音乐只是消遣的工具而已，而小丽则想重拾兴趣。后来，小丽学会了在兴趣和家庭之间寻找平衡，结交了很多喜爱音乐的朋友，也获得了更多的快乐。但久而久之，夫妻二人关系渐渐寡淡。

小丽夫妻关系变得寡淡，是因为二人没有了共同的兴趣爱好，没有了共同的话题。

如果我们不知道如何与他人沟通，不知道开口说些什么，可以试着问问题。多立足对方提问，问一些他感兴趣的问题，会让他感到足够的开心。他喜欢聊什么，我们就随之聊什么。无形之中，你便会发现你在他人的兴趣之中找到了共鸣。那么，我们该怎样去发现他人的兴趣呢？

（1）要学会欣赏他人，发现他人的闪光点和优势，关心他人。

当我们欣赏他人时，他人也会欣赏我们，拥有共同的兴趣爱好、人生观、价值观，沟通起来便会畅通无阻。

（2）保持一颗同理心，在了解他人的过程中产生共鸣。

从现在起，学会发现他人的兴趣，寻找共鸣，一切都会变得很容易。

不要突破对方的心理防线

心理防线是指人可以承受的最大心理底线，是人与情感的一种心理保护层，可以保护人免受外来的刺激和干扰，从而形成一种屏障。有些人一旦心理防线被突破，就会处于崩溃的边缘，变得焦躁，情绪低落。

心理防线也是一个人与他人交往中的基础和原则。如果一个人丧失或者违背了起码的基础和原则，或者在触动到他人的心理防线时选择漠视或无动于衷，那么，这段情感也必然会坍塌。而如果彼此都能够相互尊重，互相维系对方的尊严，不尔虞我诈，不自欺欺人，不伤害他人的自尊，友好地相处，恪守自己做人最基本的原则，那么，这段感情则会更加牢靠，也会走得更加长远。

一位老人家里非常贫穷，寒冷的冬天让他瑟瑟发抖，他没有钱买木柴，于是，他在一个大雪天向村里的一个年龄相仿的富裕老头借钱。富人乐善好施，很爽快地答应给他十块大洋，且大方地说道："区区小事而已，你拿去花吧，不用还了。"老人听后，非常犹豫，但还是接了过来。

老人颤颤巍巍地接过了钱，小心翼翼地将其包好，匆匆赶到家里。富人看到他的背影，又大声地喊道："区区十块大洋，无足挂齿，不用还了!"老人听到富人的话，一时间愣在原地，不知如何是好。

第二天清晨，富人打开院门，发现门口一尘不染，积雪全无。多方打听后，富人了解到这是向他借钱的老人清扫的。富人苦思冥想终于明白，原来，自己昨天的举动无异于对他人的施舍，而这恰恰触碰了贫穷老人的心理防线，使老人的自尊心受到了伤害。后来，富人找到老人，让老人写了份借条，并约定以每日的帮工作为偿还。而他和老人在日常的交往中也成为了无话不谈的好朋友，二人都收获了快乐。

我们在与他人相处的过程中都要抛弃所谓的身份、地位，时刻注意维护他人的心理防线，以免给自己、给他人带来麻烦。现实生活中，有些人自以为是高情商的人，耍小聪明，常常触碰他人的心理防线，岂知，这样做的结果轻则让人厌恶，重则导致二人成为仇人。

因此，在社交中，我们不要轻易触碰他人的心理防线。我们也许不会判断他人的心理防线，不知道他人的心理防线是什么，没关系，我们只要用真心去对待身边的每一个人就足够了。

（1）要学会把握好度。不能做的事不要逞能，不该说的话不要乱说，自己的意愿不要强加于任何人，保持谦虚谨慎的态度，学会礼尚往来。

（2）要学会严格要求自己，不贪恋财、物，不存有非分之想，要学会尊重他人，不说低级趣味的话，给长辈最起码的尊重，给同辈最起码的礼貌，给晚辈最起码的爱护。

此外，我们还要设立自我心理防线，这个防线就是：绝不突破对方的心理防线。

人们喜欢被赞美，不喜欢被怪罪

一位监狱长曾经说过："要对付盗贼和骗子，最好的办法不是让他们在牢房中受尽责罚，而是把他们当成绅士，并用对待绅士的态度去影响他们。久而久之，他们就会觉得自己是一个绅士，而原来那些不光彩的行为也会全部改掉。"这种受宠若惊的待遇，能够激发当事人的热情，从而令他们骄傲，在被信任中修正个人的不当行为。

与他人相处的时候，人们受到特定情绪影响，会习惯性地怪罪对方，表达自己的愤怒、失望。殊不知，怪罪他人是一件费力不讨好的事。很多时候，无论对与错，一方把责任推到另一方头上，往往会导致现场气氛紧张，矛盾越来越激烈，恶化彼此的关系。

对于已经发生的事情，即便是特别糟糕的事，也不必放在心上。既然事情已经发生了，不妨坦然接受，想办法解决眼前的问题。如果面对糟糕的局面歇斯底里，对他人大发雷霆，不但于事无补，还会暴露自己气量小、不能容人的一面。当我们准备怪罪他人的时候，一定要努力让自己冷静下来，从大局入手考虑问题，让自己恢复应有的理性，采取妥当的方式化解眼前的难题。这时，赞美不失为一种理想的办法。

在人性深处，每个人都喜欢得到外界的赞美，厌恶被怪罪、被责难。遵从这种心理诉求，我们在人际交往中要多给予对方赞美，避免恶语相向，破坏掉双方来之不易的良好关系。

理解人性，别轻易怪罪他人，需要我们把握好下面几点。

（1）对他人保持一颗宽容之心。

当对方没有把事情做好，我们感觉不满意，甚至很生气，请平复焦虑的心绪，冷静下来，包容他人。我们可以询问事情的来龙去脉，分析对方没有达到预期的原因，这样，我们便易于掌控眼前的事态。如果不问青红皂白怪罪人，只会让对方推卸责任，甚至走到我们的对立面。那样的话，势必会给我们造成更大的麻烦。

（2）学会欣赏他人的优点。

卡耐基认为，一个人必须拥有交朋友的能力，而其中很重要的一点是善于欣赏别人的优点。假如我们想纠正他人的不足之处，我们需要提醒自己——他已经在某方面取得了一定的成就。善于发现对方身上的优点和美德，并给他一个好名声，让其努力表现，那么，对方一定会竭尽所能，作出令人惊异的成就来。

（3）批评他人之后别忘了安抚。

不愿意承认错误是人的本性。当有人犯了错，我们在施以惩罚的时候，一定要拿捏好分寸，大棒加胡萝卜才是有效的惩戒方法。

人都有脆弱的一面，易被击垮但也易平抚，关键在于我们怎样去做。

请记住，即使怪罪，也要注意善后。

任何时候都别忽略人情

当下的很多人都很重视人与自然、人与人之间的关系，的确，重视人情是处理好人际关系的一个重要原则。

有过社会经验的人都知道，如果想混得风生水起，必须有生存的路子、发财的路子或者成就某一事业的路子。当然，这些路子主要依靠个人的奋斗，除此之外，还需要他人的指引、支持或帮助。比如说，在有些关键时刻，有的路子往往是别人给的，或者是别人帮助开拓的。而我们之所以能够得到他人的帮助，除了利益，便是人情使然。

日常生活中，举办同学聚会、参加开业庆典、节日送礼物……其实都是在进行"人情投资"。这既是社交的需要，更是为以后办事铺路。现代人生活忙忙碌碌，没有时间和精力进行过多的应酬，时间长了难免彼此关系淡漠。如果不重视人情投资，日后求人办事就会很麻烦。

在人性的世界里，每个人心里都有一笔人情账。人情是沉甸甸的，它压在我们的心里，让人既有一种欣慰感，又有一种负债感。这笔人情债，没有人会抵赖，一旦有了偿还的机会，人们便会毫不犹豫地回报给对方。假如我们平时不注重人情投资，关键时刻很可能会成为孤家寡人，没人愿意向我们伸出援手。

李嘉诚说："做人最要紧的，是让人由衷地喜欢你，敬佩你本人，而不是你的财力，也不是表面上让人听你的。"在李嘉诚看来，厚道做人，与人友善相处，更容易得到外界的认可，从而赢得合作，让更多的人追随自己。

（1）学会换位思考。

很多人排斥、抵制人情，结果在社会上四处碰壁。在与人相处的过程中，做人要有人情味儿，坚持忠厚为人，善于换位思考。

人都是有感情的，在人与人之间建立一种合乎人心的伦理秩序，这本身就是为了获得快乐、增进友谊。如果没有人情味，生活便会枯燥乏味，我们也很难得到外界的认可与帮助。

（2）打造自身的好口碑。

树立良好的个人口碑才能树立良好的个人形象。通过品德的修炼，对惯例及规范的秉持，慢慢积累我们的影响力，直到众望所归。只要我们坚持下去，总会有一天，我们的社会资源会非常多，关系也会非常广。

（3）发展合理的人情关系。

人情须合理。人情只要合理，我们就不用害怕，合理地表现出我们的人情味，就是良性健康的人际关系。创建合理的人情关系，才不会使自己背上人情包袱。

我们对示弱者更易产生好感

经验表明，强势的人在社交中未必会拥有好人缘，因为他们经常令人感到压抑，让人产生敬畏心理，导致众人对其敬而远之。相反，一些懂得示弱的人往往有很多朋友，因为他们善于显示自己的软弱，使人们对其产生同情心理，从而伸出援助之手。

懂得示弱是一种明智之举，因为人们对弱者更容易产生好感。主动示弱，显示自己某一方面的不足，能博得对方的怜悯之情，使对方主动伸出援助之手，激发其助人的主动性，并能感受到外界的敬意。此外，假如对方在能力、财力、境遇等方面处于劣势，而你主动展示自己孱弱的一面，也能令对方获得心理上的平衡，在人际沟通中与你产生共鸣及好感。

王辉所在公司要进行人事变动，要求每个部门选出一个助理，协助部门主管完成工作。王辉在销售部任职，本着公平、公正的原则，销售部要求每个人都要进行竞聘，通过演说为自己拉票。

前面几个人演说完了，轮到王辉发言。他先向几个面试主管深深地鞠了一个躬，然后说道："我学历不高、经验不足，对于助理这份工作还有很多不熟悉的地方。如果能够竞聘上这个职位，我一定努力弥补自身的不足，主动向大家请教和学习，争取能够成为主管的左膀右臂。"

几位主管对王辉的表现相当满意，他们认为：王辉虽然学历不高，但是没有像其他人那样显示出强势的一面；在日常工作中，王辉经常向同事请教问题，且做事谦逊有礼，这正是助手需要的品质。

最终，王辉当上了助理。成为助理后，他仍然在大家面前坦承自己的不足，主动向大家请教问题。他的主动示弱赢得了同事和领导的好感。

王辉在公司公开承认自己的不足，主动暴露自己工作上的短处，这种行为是一种明智之举。当然，能够在众人当中胜出，也离不开他平时兢兢业业工作。总之，在实力的基础上主动示弱，更容易赢得外界的尊重与认可。

示弱是一种社交手段，人们对示弱者更易产生好感。关于示弱的策略，有哪些行动建议呢？

（1）承认不足，多向身边人请教。

当自己的学识比对方少、经验没有对方丰富时，可以主动向对方示弱，遇到问题时主动向其请教。这样一来，对方就会感受到你的善意与诚意，以及你对他的尊重，从而对你产生好感，主动伸出援助之手。

（2）不炫耀自己，敢于揭自己的短。

与人交往时，聪明人从来不夸夸其谈，也不过分炫耀自己。他们隐藏自己的成就和实力，总是若有若无地谈起自己失败的经历，诉说自己的坎坷经历。由此，周围的人就会放下戒心，对你释放善意。

（3）放弃冒进，选择以退为进。

与人交往，别总是给对方一种剑拔弩张、盛气凌人的感觉，这样只会引起对方的不满和敌视。在此，我们不妨采取"以退为进"的策略，必要的时候向对方主动示弱。这样做能够最大程度上让你进入安全的环境中，同时也有助于仔细观察周围的各种动态，从而采取有利的举措，掌握主动权。

所有痛苦都来自于期望过高

每个人都期望自己获得更高的成就，但总是会忽略一个非常重要的问题，那就是现实。如果理想得以完成，我们自然少不了欢呼雀跃一番。相反，如果理想过高，因与现实之间的差距过大而无法实现，那么，带给自己的便会是痛苦和懊恼。

一位小伙子在逛集市的时候，看见一位老者摆了个捞鱼的摊子。其规则是老者提供渔网，捞起来的鱼归捞鱼人所有。小伙子觉得非常有趣，便付了钱蹲下去捞鱼，但是结果不如人意，三只网都破了可一条鱼儿也没有捞上来。小伙子不耐烦地说道："老板，你这个捞鱼网的质量也太差了，几乎一碰水就破，鱼儿又怎么会成功地被我纳入囊中呢？"

老者回答道："小伙子，看你满腹经纶，怎么不懂其中的道理呢？你希望捞起你认为最美或者最重的鱼儿，但是你是否考虑过你手中的渔网能否承受鱼儿之美或者鱼儿之重？想要得到鱼儿并不是一件坏事，但是最起码我们要有自知之明，你首先要了解你自己呀！"

"可是我还是觉得你的网有问题，根本不会成功！"小伙子不相信。

老者意味深长地说："小伙子，你还不懂得捞鱼的哲学吧！这和你所追求的事业、爱情、金钱是一样的，当你沉浸于眼前的目标无法自拔时，你考虑过自己的实力吗？"

很多人都遇到过这样的事情，但很少有人能明白其中的道理。很多时候，我们总是想拿最少的钱得到最好的东西，或者付出最少的努力得到更多的回报，但是我们也需要静下心来，学会自我衡量自己，看看自己所期望的和自己的能力是否匹配，理想与现实的差距是否过大。

欲望与现实的差距过大，最终导致的结果是越来越痛苦。反之，当欲望与自身的实际条件相符时，自己获得的幸福感自然也会更高。所以，不要对自己或他人期望过高。

不要对自己期望过高，不要打肿脸充胖子。我们要对自己进行一个客观的评价，明白自己的切身实际，不要制定与自己实际完全相悖的理想。我们可以选择低一点的理想，当实现之后再去实现更高一级的理想，这样，我们的幸福感才会随之上升。

不要对他人期望过高，学会降低对他人的期望。很多时候，我们期待他人回馈给我们真心，但是却等来心碎；很多时候，我们期待他人认可，结果却等来一句敷衍。所以，不要对他人期望过高，因为总有一些人或事情会辜负努力付出的你。

放平心态，降低期望，一切随心，这样，我们才会获得更多的幸福感和满足感。

第 02 章　揭穿骗局

三分钟识别身边的谎言

在社交中被谎言欺骗，会让人生遭受重创。如果无法阻止他人说谎，那就学会揭穿骗局，永远不上当。识别谎言，学会处理不同情境下的说谎行为，是一种必备的生存技能。

谎言的本质就是欺骗

有的人出于各种目的，说着违心的话，甚至面不改色地说谎。无论他有什么理由，说谎的本质都是欺骗。

在人际交往中，被人欺骗不但精神上会受到伤害，利益上也会遭受损失。如果不想被他人玩弄于股掌之间，一定要善于辨识谎言，准确判断说话者的真实意图，从而找到解决问题的对策。

一些当红明星为香水、化妆品做广告，很容易让消费者得出这样的判断：女明星之所以如此漂亮，显得有品位，就是因为用了她所代言牌子的香水或化妆品。因此，使用那种牌子的香水和化妆品也就会像明星一样漂亮，富有魅力。实际上，明星只是受雇于厂家做广告，宣传香水和化妆品，这种宣传明显具有欺骗性，是一种变相的谎言。

对于那些冒名的东西，我们绝不能被它冠冕堂皇的名称所蒙蔽。在人际交往中，无论对方提出一个多么动人的概念，都别冲动，仔细倾听，然后看清事物的本质，这样做，自然不会被洗脑，也不会被收割。任何时候都要牢记，再动听的故事都无法改变事实与真相。如果对方指鹿为马，那么一定有不可告人的目的。

需要指出的是，骗人固然可憎，但是受骗者很多时候甘愿被骗，才是问题的症结所在。比如，大多数人都有贪便宜怕吃亏的心理，于是，别有用心的人便利用这一点引你入坑，结果令你大吃苦头。

郭丽下班后走在大街上，看到路边一家服装店门口摆着醒目的促销广告："工厂倒闭，产品处理""清仓大拍卖"等。

　　和很多人一样，郭丽是一个普通的上班族，每月的薪水不高，看到这些诱人的广告，她不禁动了心，于是走进服装店。看着琳琅满目的服装，她兴奋地试穿，很快选中了四五件，然后付款。

　　然而，不久后，郭丽发现这些衣服的质量并不好，当她打算去店里退换时，发现那里早已人去楼空。

　　买东西如此，与人打交道何尝不是这样呢？有的人贪图小便宜，或者虚荣心太强，难免被人利用，到头来悔之晚矣。

　　在人类发展史上，谎言从来没有消失过。说谎的人通过欺骗对方，得到自己想要的东西，全然不顾道德、法律制约，破坏了人与人之间最基本的信任。因此，与他人打交道时，首先要识别谎言，要知道，不是每个人都值得信任。

　　（1）对他人的话保持怀疑。

　　对他人的话要敢于怀疑，不能轻信。要想学会辨别谎言，最重要的是提升自己的认知水平，多看书、多思考，分析判断能力增强了，便不容易被他人欺骗。

　　（2）克制自己的贪念与虚荣心。

　　一个人贪念太重，很容易掉进陷阱，最后落得个得不偿失。一个人虚荣心强烈，则容易迷失自我，对他人的话失去甄别能力。所以，任何时候，与人交往都不能太功利，所谓"君子之交淡如水"，当你没有什么欲求的时候，别人即使想欺骗你，你也不会上钩，也就不会掉进谎言的陷阱。

别掉进"好话"编织的幻觉中

　　很多时候，一个人有了声望、权势和财富，他的身边就会聚集一些拍马逢迎的人。喜欢逐利是人的天性，人们为了实现我方利益最大化往往说谎话，把老实人带进深坑。正所谓"贫在闹市无人问，富在深山有远亲"，很多人喜欢攀龙附凤，而很多人则喜欢被攀龙附凤。

聪明人不听信谎言，懂得克制自己的贪念，所以减少了很多不必要的损失。而如果你喜欢听好话，并不由自主地跳进他人编织的谎言幻觉中，则往往会自取灭亡。

南宋年间，秦桧刚到朝廷任职，很多大臣不信任他，纷纷敬而远之。为了站稳脚跟，秦桧求助于宰相范宗尹。当时，这位宰相只有三十多岁，并非清正廉明的官员，与秦桧臭味相投。

后来，在范宗尹的举荐之下，宋高宗赵构召见了秦桧。凭借花言巧语、阿谀奉承的伎俩，秦桧很快赢得了宋高宗的好感，不到一年便升至副宰相。但是，秦桧志不在此，他要扳倒范宗尹，成为宰相。可怜的范宗尹浑然不觉，仍然将秦桧视为知己。

有一次，范宗尹对秦桧说："皇上将要发布大赦令，同时将文武百官都晋升一级。许多朝中官员都是当年蔡京等人当政时靠拍马贿赂上位的，我想上书皇上，请求将这些人清除出去，你有何高见？"

秦桧知道这样做阻力太大，很难行得通，而且他早已看出来宋高宗已经对范宗尹有些嫌弃。他想，如果此时联合其他大臣，很容易孤立这个眼中钉。于是，秦桧急忙表示坚决支持。结果可想而知，当范宗尹提出自己的主张后，立刻遭到了大臣们的反对，而秦桧站在旁边不动声色，令范宗尹陷入了四面楚歌的境地。

宋高宗也认为当前应维护朝局稳定，不宜大动干戈。后来，秦桧看准时机，说出了反对的意见，得到了皇帝的赞许，也赢得了大臣们的拥护。最后，范宗尹众叛亲离，无奈之下，主动请求辞职。

为什么有的人总是吃亏上当，轻易被他人蒙蔽？除了说谎的人令人憎恶之外，我们也应该反思自己。

人人喜欢听恭维或顺从的话，以在心理和情感上得到极大的满足。但是，有些动听的话往往是虚假的，违背了基本的事实，如果沉浸在他人编织的魅力幻觉中，很容易失去正确的方向，掉进万丈深渊。所以，别被动听的话蒙蔽，才能清醒地看待身边的人和事。

而一个人经常被人骗，不能一概用善良来解释，只能用缺乏见识来回答。"害人之心不可有，防人之心不可无"，人们在利益驱使下会做出很多违心的事情。为此，我们必须多长个心眼儿，遇事多问几个为什么，以使自己在为人处世的过程中免遭伤害。

为什么诚实的人也会说谎

看到孩子说谎，聪明的家长不会给他们贴上骗子的标签，而是会平心静气地听一听孩子的解释。通常，孩子只是出于善意，或者出于好心，才编出一个谎言。家长需要理解那些让孩子无法说出实话的困难处境，才能有效解决问题。同理，在人际交往时遇到老实人说谎，也不必大跌眼镜，而应该像对待孩子说谎那样理解一切。

诚实人撒谎，大多只是出于一些不得已为之的理由。我们需要做的是察言观色，权衡利弊，进而采取合适的社交策略。

一个樵夫走到桥上，不小心绊了一跤，结果斧头掉进了河里。看着湍急的河水，樵夫着急得哭起来，因为他不会游泳，无法到河里捞斧头。

神听到哭声，问樵夫为什么哭泣。樵夫回答说："我的斧头掉到河里了，它是我谋生的唯一工具，明天没法干活了。"于是，神跳进河里找斧头。

过了一会儿，神拿着一把金斧头浮出水面，让樵夫确认。樵夫虽然有点儿心动，但是诚实的品格让他否认了自己是金斧头的主人。

接着，神又跳进河里，分别捞上来银斧头和铁斧头。直到铁斧头出现的时候，樵夫才说这是自己的斧头。神看到樵夫是世界上难得的一个诚实人，于是把金斧头和银斧头送给了樵夫。

又一天，樵夫和妻子在桥上观赏风景，结果，妻子不小心掉进河里。神又来到了，跳下水并捞上来一个貌美的女子。本以为樵夫会像上次一样拒绝，没想到樵夫竟然说："这就是我的妻子。"

神非常生气，大声说道："这明明不是你的妻子，你为什么撒谎？"樵夫无可奈何地说道："我如果否认她是我的妻子，你可能会再捞上来三个人，最后都送给我，我根本没有钱财养活她们。所以，我不得不说这是我的妻子。"

神听完，顿时沉默了。

如樵夫一样，再诚实的人也会撒谎。有时，在生活中，人们考虑自身的能力、利益，为了避免某些状况出现，不得不说谎话。但是这并不代表他们失去了诚实的品格，有时，他们是迫不得已或出于善意暂时撒谎。

那么，在日常生活和工作中，我们该如何面对诚实人说谎这件事呢？

（1）理解对方的苦衷，更要理解人性。

没有人会否认诚实是可贵的品质。但是在这个复杂的世界上，你要理解人性的复杂多变，理解诚实人说谎也是一种常态。而且，我们要明白一点，诚实人也有说谎话的权利。不要因为诚实人某一次的谎话而挥舞起道德大棒，对其施加压力，这样明显是不公平的，对你们的关系更是没有任何好处。

（2）考虑说谎者的动机是什么。

诚实的人说谎，大多有自己的动机，乃至利益。我们可以不在道德上谴责对方，但是一定要分析对方说谎的动机是什么，背后的利益诉求是什么。唯有如此，才能在人际交往中明晰利害关系，维护好我方的利益。

看穿面具背后隐藏的利益

在我们身边，有的人展示出和蔼可亲的面孔，背后却隐藏着不为人知的真实意图。如果你被其表面的假象迷惑了，势必会做出错误判断，到头来上当受骗，甚至吃大亏。

对现代人来说，理解人性的复杂多变非常有必要。能够在复杂的人际交往中看穿面具背后隐藏的真相则更为重要。尤其是善于从利益的角度，分析当事人为何呈现出种种情态，则有助于我们保护好自己。

唐玄宗在位期间，有一位才华出众的大臣叫严挺之。严挺之生性耿直，不肯屈服于权贵，所以一直与宰相李林甫不和，在仕途上并不顺利。

后来，严挺之被李林甫陷害，放逐到京外。有一天，唐玄宗心血来潮，想起了离京已久的严挺之，有意让他复出。李林甫闻讯吓坏了，决定铲除严挺之，以绝后患。

李林甫找到一个合适的机会，十分恭顺地对唐玄宗说："陛下爱才重才，实为明智之举，若蒙陛下信赖，此事就交给臣下去处理吧！"

李林甫找到严挺之的弟弟严损之，编织了一个谎言："皇上很器重你哥哥的才识，前不久还提起他。只是现在他在地方为官，不能随意进京面圣。我们可以说他得了中风，请求皇上准他回京医治，然后我再慢慢设法安排他面圣。"

严损之信以为真，马上联系哥哥。严挺之当然不会怀疑弟弟，于是火速回到京城，也对李林甫放松了警惕，并在李林甫的授意下写了一纸奏折。李林甫拿到奏折后交给唐玄宗，并说："严挺之老了，年迈体弱，近又患了风疾，手脚也不灵便，请求入京就医。陛下宜授他一个闲职，令其好好治病。"

结果，唐玄宗糊里糊涂地同意了李林甫的建议，授严挺之为太子詹事，安排他到洛阳养病去了。

天下熙熙，皆为利来；天下攘攘，皆为利往。人与人之间的进退、取舍、权衡，往往逃不过一个"利"字。透过这一点，我们很容易理解为什么有的人会戴着面具行骗，透过"利益"这个视角重新理解一切，你会有不同的感受和认知。

那么，我们该如何应对这众多的"面具人"呢？

（1）警惕被"捧杀"，对好言好语保持戒心。

别有用心的人为了特定的利益无所不用其极。他们看到你直上青云往往会逢迎拍马，或是看到你事事顺心、进展神速，会在背后造谣生事。面对前者，我们不能耳根软，须知动听的话语并不可信。如果从利益角度审视对方，许多问题便会迎刃而解。

（2）主动让利是避祸的有效策略。

当你与他人的关系无法进行下去时，应该想一想是不是利益分配上出了问题。有时候，你在利益上让一步，对方也让一步，关系就会变得顺畅了。而且，你为了对方的利益主动谦让，对方反而不好意思与你争利，甚至会主动出让利益，那么，双方便很容易成为密切合作的伙伴。

解除说谎者的心理武装

在人际交往中，很多问题可以从心理学角度寻找答案，以发现事情的真相。与我们交往的对象是具体的人，他们都有特定的心理和情感。假如对方在说谎，那么，他们在心理上必然有特定的表现。明白了这一点，我们就容易找到对策了。

研究发现，正在说谎或试图说谎的人，会在心理上把自己严密地武装起来，防止露出破绽，或者让脆弱的心理变得强大。显然，除去他们的武装，就容易击溃其心理防线，在社交中把握主动权。那么，怎样做才能除去对方的武装呢？

（1）让对方有安全感，从而放松心理戒备。

如果想让说谎者道出实情，一定要给予对方安全感，即说出真相之后不会给其带来任何麻烦，自身利益不会受损。要想达到这一目的，首先要获得对方的信赖，对方心理上有了安全感，才会吐露实情。

比如，我们可以用话语宽慰对方，让他在心理上放松，引导对方自说自话，吐露心声。这时候，沟通技巧便显得尤为重要。如果采用强硬逼供的手法，往往会适得其反。

为了套出对方的实话，我们还可以表现出容易上当的样子，让对方放松警惕，主动把心里话说出来。人们都喜欢与厚道人相处，如果我们能表现出没有攻击性的一面，成为值得信赖的人，就容易给予对方安全感，令其知无不言。

此外，如有必要，我们还可以迎合对方，让他产生优越感，从而获得极大的心理满足，在得意忘形之际透露出某些有价值的信息。如在某些谍战剧中，经常可以看到这种对话技巧，谍报人员引导他人在无意中露出马脚，从而获得自己想要的东西。

（2）在沟通中追根究底，让对方无路可退。

在行骗的过程中，说谎者最怕被人识破，引起外界攻击。因此，说谎者在心理上是脆弱的。只要我们能够抓住其心理弱点穷追猛打，就容易在心理博弈中占据上风。

如果想识破谎言，比起没有约束的交谈，追根究底更能让对方露出破绽，从而吐露实情。具体来说，我们要善于发现谎言的漏洞，然后反问说谎者，令其给出合理的解释。一旦对方不能自圆其说，那么，形势就会对我们越来越有利。在对峙的过程中，假如对方仍有辩白的余地，他一定会坚持到底，因此，只有在他被逼得无法再为自己辩解的时候，他才会自动解除武装，道出实情。

（3）关键时刻攻其不备，彻底弄清真相。

研究发现，不管是多么高明的说谎者，如果遇到突然而来的攻击，都会惊慌失措，露出马脚，最后往往会一败涂地。

为此，面对说谎者设置的骗局，我们可以乘虚而入，让对方措手不及。一位资深律师曾经说过："在询问一个决定性的问题时，不要马上询问证人，等他回到证人席之后，再突然请他回来，重新询问，这是最有效的方法……"

说话方式隐藏真正的意图

恋爱中的男生总是抱怨不懂女朋友的真实想法，"女人心，海底针"

"她们说话词不达意，沟通起来真费劲""女人爱说谎，你要猜测她的真正意图是什么"。其实，听懂女朋友的话背后的潜台词并不难。

一对刚交往不久的恋人在一个深冬的夜晚看烟火。烟花绚烂夺目，两个人沉浸在喜悦里，忽然女生说道："天气真冷呀，你感觉冷吗？"并不善解人意的男生回应道："我感觉也很冷，咱们干脆回家吧。"女生听完后一脸无奈，悻悻地打道回府了。

有一位男生平时跟蓝颜知己无话不谈。这一天，对方提出给他介绍一个女朋友，并让他在学校门口的咖啡厅等候。男生自然非常高兴，精心打扮一番按时赴约。到了约定的时间，男生没有发现所谓的新女友，只是等到了打扮得花枝招展的蓝颜知己。见面的那一刻，男生疑惑地朝远方张望，还不忘问道："你介绍的女朋友呢？"

在人际交往中，有些话不方便直白地说出来，尤其是那些比较害羞的女生。她们常常用潜台词暗示男生，希望对方读懂并按自己的意图行事。如上述两例中，只是解读对话的字面意思，显然无法捕捉到说话者真实的意图。当事人顾左言他，另一方如果听不懂背后的潜台词，就会产生误解与隔阂。这种说话方式表面上看有欺人之嫌，其实考验的是双方的心理默契。

仔细分析不难发现，在第一个故事中，女生说天很冷，只是想让男生抱抱自己，依偎在男生怀里一起看烟火，制造一种浪漫气氛。第二个故事中的蓝颜知己很喜欢这个男生，她一直暗恋着男生，所谓介绍的女朋友，就是她自己。两个男生都不懂情调和浪漫，没有明白女生话语背后的真正意图，结果成了女生眼中不解风情的直男。

与人交往需要建立默契感，如很多老夫老妻只需要靠表情或者肢体动作就能立刻明白对方的真实想法。聪明人熟谙人情世故，懂得拿捏人心，善于透过潜台词读懂对方的心理诉求，因此在社交中展示出高情商，规避了各种坑。

在我们身边，有的人善于察言观色，通过表情和动作准确捕捉对方的真实意图，甚至识别谎言背后的利益所在。

（1）从面部表情看穿对方意图。

人的面部表情蕴含丰富的信息，我们在与人交往中如果能筛选有价值的信息，往往会有意外的收获。通常，人们常常利用面部表情作为掩饰和伪装其真实思想感情的"面具"。比如，因违章而受到交警斥责的司机，为了避免把事情搞得更糟，往往故作笑脸，表现得服服帖帖。这种表面的恭顺，其实是一种假象。在沟通中，我们要注意观察对方的瞳孔变化、眼睛注视方向、眨眼频度，以及脸色变化，发现对方的真实意图。

（2）人会说谎，身体动作不会说谎。

人们在说谎时会有微妙的动作，仔细观察这一点，往往能判断对方是否在骗人。比如，说谎者为了防止别人看出其虚假的表情，常常用揉眼睛的动作掩饰自己。说谎时，当事人经常看向别处，或者轻揉眼睛稍下的部位。此外，还有掩嘴、挠脖子、摸鼻子、搓耳朵等各种微小动作。

第03章　防备小人

保持戒心才不会腹背受敌

文化学者余秋雨说：研究小人，是为了看清小人，给他们定位，以免他们继续频频地骚扰我们的视线。如果我们想有所作为，必须学会和小人打交道，否则被暗箭中伤，一切都无从谈起了。

尝试着给小人画像

人心难测，筛选别有用心的人往往异常困难。通常，他们隐藏自己的野心和锋芒，只在时机成熟的时候对外进攻，带来巨大破坏。为此，我们要注意提防那些善于隐藏和伪装的人。

在日本历史上，德川家康开创了德川幕府时代。十三岁那年，他下定决心要灭掉织田家，夺取掌握天下的大权。为此，他处处表现出谦虚的姿态，隐藏自己的野心。

很快，家康赢得了织田、今川三氏的赞赏。面对自己的顶头上司丰臣秀吉，家康更是表现得像绵羊一样温驯，给人留下了人畜无害的假象。可是等到丰臣秀吉一死，他就摇身一变，恢复成一个多谋狡诈的政客。

家康以守信为幌子，在长达50多年的时间里骗取了外界的信任，这种伪装的功力令人震惊。此外，他为了达到自己的目的，能够与任何人友善相处，哪怕是自己厌恶的人。试想一下，如果身边的人有家康这样的心机和城府，那是一件多么恐怖的事情。

识别小人，对每个人来说是一项生存技能。那么，小人身上有哪些鲜明的标签呢？

（1）笑里藏刀，暗箭伤人。

这种小人极其危险，一方面他们说着场面话，与众人打得火热，另一方面又会为了自己的利益暗中伤人，令人防不胜防。可以说，他们是彻底的两面人。比如，在职场中，这类人善于躲在笑容后面攻击人，从不肯正面向人挑战。通常，他们或者半开玩笑似的攻击人，或者指桑骂槐，令人无所适从。对付笑里藏刀的人，尽可能争取外界支持，比如受过小人伤害的人，找到共同阵营的人一起抗击，才容易令笑里藏刀的人没有容身之地。

（2）煽风点火，制造麻烦。

在团队中，有的人喜欢煽阴风、点鬼火，唯恐天下不乱。他们躲在暗处，利用阴谋诡计破坏他人之间的关系，让大家产生误解、隔阂及矛盾，最后搞得整个团体互相猜忌、意志消沉。可以说，这类小人是人生路上的绊脚石，会极大地消耗我们的时间、精力。除了不能与之交朋友，我们还要注意远离他们，避免受到直接或间接的损耗。

（3）城府极深，危险可憎。

有的人特别有心计，外人很难揣摩到他的真实意图。如果真心与之交往，常常感觉对方在玩太极，就像一拳打在棉花上。很显然，对方在操控你的情绪，牵着你的鼻子走，把你当作利用的对象。面对这种小人，要敢于斗智斗勇，展示自己的观点和实力，表现出勇敢的一面，令其不敢轻举妄动。此外，如果没有直接的利害冲突，别轻易招惹对方，避免给自己惹上更大的麻烦。

（4）装疯卖傻，精致利己。

总有一些人喜欢扮演老好人，平时看上去非常友善，待人和蔼可亲，甚至遇到麻烦的时候唯唯诺诺。别看他们看起来像和事佬一样谁都不得罪，但是到了关键时刻，尤其是当你与他产生了利益冲突，这种人会毫不犹豫地选择出卖你，即便之前你们的关系很紧密。这些人是精致的利己主义者，在紧要关头充分展示出自私自利的一面，没有丝毫迟疑。应付这类小人，需要避免与其发生直接的利益冲突；此外，要在平时留意对方的背景，比如家庭、爱好、价值观等，令其对你有所忌惮，不敢在紧要关头胡来，从而避免使自己处于被动的位置。

有智慧的人不会让真相姗姗来迟，他们善于总结经验，识别身边的小人，确保在安全的界限内行事。对每个人来说，保护好自己从认识和远离小人开始。

永远不忘考察对方的人品

生活中，我们在选择交往对象时，一定要慎重，要注意考察对方的人品。毕竟，在选择了一个好朋友或好同事后，我们的人生会多了一个可以信赖的朋友。

人性很复杂，了解一个人并不是一件简单的事。但在与人交往的过程中，人品是一个很重要的评判标准。我们可以注意观察，通过一个人的方方面面来了解他的素质、修养和品德。

（1）通过对方的朋友来考察人品。

俗话说，物以类聚，人以群分。能成为朋友的人一般都性情相近、脾气相投。如果一个人的朋友都是一些不三不四、不伦不类的人，那么他的素质也不会太高；如果一个人结交的朋友都是些没有道德修养的人，那么他自己的修养也不会太好。交朋友其实很简单，有的人交朋友以性格、脾气取人，气场相投的就是朋友；有的人交朋友则以追求取人，有相同的追求就能成为朋友；有的人交朋友则因为有相同的爱好。但无论如何，只有二人修养相当、品质差不多时才能成为朋友。所以，了解一个人的朋友也就相当于了解了这个人。

（2）通过言谈来考察人品。

一个人的人品往往会在他的言谈中体现出来。有些人说话口无遮拦，总是不分场合、不分时机地对他人进行"言语攻击"，随意拿他人的短处开玩笑，这样的人是不适合交往的。

（3）通过其待人接物来考察人品。

想了解一个人，还可以观察他是怎样对待别人的。如果这个人只想着占别人的便宜，当面一套，背后一套，那么我们就需要对这种人保持警惕。人在得意的时候，特别爱诉说他与别人在一起交往的情景，他说的时候是无意的，不会想到他与被说人有什么关系，所以一般比较真实。这个时候我们便可以通过他的言谈辨别这个人的人品，看看这个人值不值得交往。还有一种人，可能会当面批评你，指出你的缺点，夸奖别人的优点，你也许不愿接受他这种直率，但这种人却是可以信赖的人。

（4）通过其对待家人来观察人品。

想要了解一个人，可以通过他对家人的态度来判断。看一个人如何对待自己的家人可以分析出这个人是否有责任感，自私还是不自私。一个人不把家人放在心上，当然也不会把朋友放在心上。这种人往往心里只装着自己，只关心自己的得失安危，根本不会想到朋友。所以，我们在交往时尽量不要与那些没有家庭观念的人结交。

在与他人交往的过程中，我们要学会从细节中发现这个人的优缺点，从而来判断这个人的人品的好坏。多与人品好的人交往，才能增长见识，增进彼此美好的品格，对个人成长起到巨大的帮助。多与这样的人交往，能够帮助我们成为更好的人。

别指望人人都有感恩的心

在生活中，我们倡导做人要有一颗感恩的心，对身边的人和事心怀感激，学会以德报怨。然而，面对复杂的社会环境与人际关系，并非每个人都值得我们感恩。有时候，你给予了他人帮助，对方也不一定会对你有所回报。

这时候不必抱怨，即使对方没有感念你的好，我们也要保持平和的心态，坦然接受一切。这样做可能令人难以接受，但是一个成熟的人不会跟人性对抗。

为什么不能指望人人都有感恩的心呢？其实，这与对方的素质和修养有关。如果对方内心温良、修养较高，那么他必定是一个较为有礼貌的人，懂得涌泉相报；然而，如果对方私心过重、素质较低，他就是一个不懂感恩的人，无论身边的人怎么提供帮助，他未必念众人的好。

马涛在县城有一套50平方米的小房子，因为面积不大，很长时间租不出去。这一天，在县城打工的表弟找马涛办事，两人吃饭的时候无意中聊起这套房子。表弟说："干脆把房子租给我吧，每月给你500元租金。"

考虑到自己没有什么经济压力，马涛说："谈钱就见外了，反正房子一直空着，你就搬进去住吧！"就这样，表弟无偿住了两年。

其间，县城的房价一直上涨，租金也慢慢涨价了。最近，马涛相中了一个繁华地段的商铺，决定买下来。可是盘算之后发现资金不够，于是考虑将50平方米的小房子卖了。

接着，马涛找到表弟，说出了卖房子的计划。不料，表弟非常生气："我现在没地方住，你这是明摆着撵人啊！如果你想要租金，干脆直说。"马涛听了哭笑不得，说了很多好话也不奏效。一来二去，最后两人关系闹得很僵。

人性是复杂的，有的人私心重，不懂得感恩，常常做出令人厌恶的举动。更有甚者，人前道貌岸然，背地里一副小人得志的样子，四处钻营，投机取巧。你又怎么能指望他们有感恩的心？

（1）不期待他人的回报，就没有社交焦虑。

有的人心怀善念，主动对身边的人示好，乐于帮助他人。同时，他们又渴望得到对方的积极回馈；一旦对方没有表现出感恩的举动，就患得患失，陷入焦虑之中。聪明人始终保持清醒，不苛求他人，同时对人性保持警惕，这才是正确社交的打开方式。

（2）在人际交往中努力耕耘，不问收获。

助人为快乐之本，所以，不用指望人人都有感恩的心，只要在帮助他人的时候去享受过程中的快乐。你在社交中栽种善因，终有一天会得到回报。

对大奸似忠的人敬而远之

"大奸似忠，大伪似真"的意思是，一个人奸诈到极点往往能隐去奸诈的本相，看起来好像非常忠心一样；一个人虚伪到极点，往往能消除本来虚伪的面貌，看起来真诚无比让人深信不疑。有这种特性的人一般都非常善于伪装，从表面很难看出来这个人的好坏。对于这种人我们最好敬而远之，因为待在这种人身边我们很容易被他们欺骗。

大奸似忠的人善于伪装，善于隐藏自己的真实想法和意图，我们最好远离这种人，接近这种人且不善辨认的话，他们往往会把我们当作他们的棋子以达到他们的目的。

那么，我们该如何看清一个人呢？

利益最能考验一个人最真实的内心。分辨一个人的忠与奸，只需要一个"利"字就足够了。利，是一块最好的试金石，虚伪的人都离不开

"利"字。

大奸似忠的小人平时貌似憨厚忠良，甚至不屑于蝇营狗苟，不贪利不图小便宜，其实他们是在伪善作假，欺人惑心，他们喜欢玩弄别人、欺骗别人，在关键时刻才会露出其真实面目。表面上老老实实，很可能是假仁假义；自夸有七分骨气，实际上可能是不动声色的超级"马屁精"。很多人忠奸难分，好坏不露形迹，擅长隐藏自己的情绪，有时甚至故作清高，这种人在有些时候会让人分不清好坏，只有在涉及到他们利益的时候才会露出马脚。我们要远离这种人，否则很可能会被这种人利用，甚至会使我们自己的利益受损。

有些人在对自己有用的人面前，见人低一辈。明明年龄相仿，却叫对方"伯伯"或"叔叔"；有时在上司面前不显露什么，但是见到上司的老婆叫"阿姨"，见到上司的子女叫"亲妹妹""亲弟弟"，来一个迂回包抄。这样的人大奸似忠，尤其需要提防。

唐朝节度使安禄山居心叵测，年龄与杨贵妃的爹差不多，却称这位唐玄宗的爱妃为"干妈"，直乐得这位皇帝老儿心花怒放，对他委以重任。结果正是这位口称"父皇万岁"的人起兵反唐，端了唐玄宗的老窝，险些让他丢了大唐江山。

我们要判断大奸似忠的人，看清大奸似忠的人，远离大奸似忠的人，但是最好别得罪大奸似忠的人，因为这种人往往心机很重，一旦得罪了这种人，我们就很有可能没有好日子过。

与人交往的时候，我们要注意对方的行为举止，以判断他们的人品，近朱者赤，与人品好的人交往，我们自身也会受益匪浅。

那么，我们在与人交往时该如何与大奸似忠的人共处呢？

（1）时刻保持警惕心。兵不厌诈，争夺利益时人心也不厌诈，因此，对他人的行为我们要有冷静客观的判断。通常，异常的动作都有异常的用意，把这些动作和自己所处的环境一并思考，便可以发现其中的玄机。

（2）学会隐藏自己。与人相处要保持低调，不能让他人摸清我们的底细。不随便露出自己性格上的弱点，不轻易显露自己的欲望和企图，不露锋芒，不得罪人，不过分坦诚……他人摸不清我们的底细，自然不会伤害到我们。

（3）交友务必慎重。在现实生活中，有些人交朋友只想利用别人，从别人那里得到好处，而自己却很少为别人着想，更不用说为别人做些有益的事了。这种朋友关系，很难维持长久。面对有利害关系的朋友，交往时更要小心谨慎，要时刻与他们保持适当的距离。

谁是眼睛看不见的敌人

在成长的过程中，人不可避免地会遇到各种的困难，有时是外来压力，有时是内在矛盾。这时，有些人会选择逃避，有些人会选择沉迷，而有些人则会选择直面问题，挑战自我。

有的时候，人们总觉得自己的敌人是别人，是外部环境，是复杂的社会。但实际上，我们最大的敌人是自己。

其实，我们眼睛能够看到的敌人并不可怕，可怕的敌人隐藏在我们内心之中，我们内心的嫉妒、羡慕、猜忌、轻蔑、侮慢、奢求、攻击心、背叛……这些人性的弱点，其实都是我们的敌人。

有时，你所认为的所有的别人的问题、环境的问题，可能到最后都不是问题，而你自己才是那个最大的问题。相较于外界的困难，战胜自己才是最大的困难。

海明威曾说，"优于别人，并不高贵，真正的高贵是优于过去的自己"。了解他人比了解自己要容易，因为自己往往不知道自己内心的邪恶，甚至根本不敢了解自己。

在面对生活的挑战时，我们需要认识到自己的局限性，明确自己的目标和方向，然后通过思考来寻求解决问题的方法，这样，我们才能不断成长。如果我们能够清楚地认识到这一点，就可以更好地掌握自己的命运。

如果你无法辨别身边的人，可以试试下面两种方法：

（1）时刻检视自我。与人相处其实是一种修行，从喜欢的人那里学会热爱生活；从不喜欢的人那里看清世界。我们需要时刻检视自己的弱点，懂得控制自己的情绪，提升自己的认知，这样就能有效应对各色人物。

（2）学会与不好对付的人相处。在我们身边总会有一些不容易对付的人，他们要么为难我们，要么心怀叵测，是世人眼里的小人。对我们来说，外界如何并不重要，重要的是我们要增强与人相处的能力，能够妥善应对社交场合中的难缠局面，这样，我们才能在社交关系中得心应手。

第 04 章　远离损友

果断拒绝不断消耗你的人

孔子说过："益者三友，损者三友……友便辟，友善柔，友便佞，损矣!"逢迎谄媚的人，表面温柔而内心狡诈的人，花言巧语的人，都要敬而远之，因为他们占用我们的时间，消耗我们的精力，损害我们的利益，是必须远离的损友。

警惕那些居心不良的人

在现实生活中，总有一些居心不良的人围绕在我们周围。要想获得成功，依靠那些居心不良的人是不现实的、"天下没有白吃的午餐"，有些人虽然明白这个道理，可是一旦有人怂恿他做某些风险大利益也大的事情的时候，他就会心动，这是人性的弱点。但是，所有的成功都是要靠自己的努力去争取的。

在人际关系中，我们要留意那些所谓的朋友，学会判断哪些朋友对我们是有益的，又有哪些朋友居心不良。"防人之心不可无"，才能避免一些不必要的麻烦。

张涛与陶勇是高中同学，两个人上大学时都报了计算机专业。大学毕业后，张涛自筹资金开了一家计算机销售公司。过了两年，张涛想扩大规模，想起了老同学陶勇，于是聘请他正式入职。

显然，张涛对陶勇很信任，让他到销售部负责全面工作。在工作中，陶勇直接面对客户、经常到厂家提货，逐渐建立了自己的人际网络。在利益的驱使下，陶勇开始利用自己的关系网私自销售电脑，不从公司走账。一开始，张涛并不知情，但是纸里包不住火，得知自己信任的同学私下搞小动作，张涛一气之下让陶勇主动辞职。

不久，陶勇又来求张涛，准备自己创业，无奈资金不足，能不能从公司拿点货卖，过后再结算。张涛顾及陶勇是自己的老同学，心一软就答应了。

令张涛没想到的是，陶勇竟然采取恶性竞争的做法，让张涛的电脑销

果断拒绝不断消耗你的人

售额降到了历史最低点。按照行业内的政策，如果地区总代理的年销售额少于某个数，厂家就会替换掉原来的总代理。就这样，陶勇成功上位，张涛被拉下马。至此，张涛才如梦初醒。

那么，我们应该怎样去应对身边那些居心不良的人呢？

首先，我们要有勇气对他们说"不"。面对朋友的要求，我们要学会拒绝，应该说"不"的时候，我们要大胆说"不"。我们要多花一些精力在自己应该做的事情上，不能为了别人的事情把自己搞得团团转，变成一个老好人。

其次，我们不要成群结党。有些居心不良的人想做坏事，但没有胆量，便想把周围的人一起拖下水。我们一旦被其拖下水，不仅自己会惹上麻烦，也可能会波及到其他人。这样既损人又不利己的事情，我们要坚决地拒绝。

此外，在和别人交往时，我们要与其保持一定的距离感。通常情况下，两个人一旦熟了起来，就会不拘小节，忘了应该有的分寸。没有分寸的结果，会很容易造成角色的模糊，例如，你可能认为对方的想法也会与自己一样，但实际上，对方的想法很可能与你背道相驰。所以，无论关系多么要好的朋友都要与之保持一定的距离。

如何防止"近墨者黑"

中国有句古话："近朱者赤，近墨者黑。"意思是说，客观环境对人有很大的影响，一个人即使再有定力，处在污浊的环境中，他也会受到影响。

在现实生活中，人与人之间的关系是很复杂的，但有一点我们要记住，一定要远离那些品行不好的人，以免他们对我们造成影响。何为品行不好的人？品行不好的人包括好赌的人、被毒品腐蚀的人、好色的人，还有社会上的一些小混混、流氓等。我们要远离这些人，和这些人走得太近，只会让我们变得越来越不好，最终变成和他们一样的人。

战国时期的孟子在很小的时候就失去了父亲，母亲依靠纺织麻布艰难度日。孟子生性聪慧，看见什么或听到什么，立刻就能模仿出来。

最初，孟子家住的地方离墓地不远，经常有送葬的队伍吹着喇叭从门口路过。看到眼前新奇的一幕，孟子跟着送葬的队伍学习吹喇叭，结果一群孩子跟在身后，大家一起扮演送葬的角色。

孟母看在眼里，急在心上，意识到这样的居住环境会耽误孩子成长。于是，她带着孩子搬到了城里。

新家处在繁华的闹市附近，旁边挨着一个屠宰场。结果，孟子无事可做的时候，经常到屠宰场看大人们杀猪。那些屠夫技术娴熟，动作行云流水，孟子过目不忘，不久竟然能帮着大人杀猪了。

看到这一幕，孟母焦虑万分，带着孟子把家搬到了学堂附近。

此后，孟子每天早晨都被学堂里的读书声吸引，他跑到学堂的窗外，摇头晃脑地跟着学生们一起读书，听老师讲解各类知识和人生道理。

过了一段时间，孟子变成了一个有学识、懂礼貌的孩子，大家见了都很喜欢他。

虽然多次搬家很辛苦，但是孟母从来没有抱怨过。因为她始终坚信：近朱者赤，近墨者黑。

所以，我们在与人相处的过程中，要注意观察对方是一个什么样的人，如果对方是品行不良的人，我们一定要远离。每个人都想"近朱者赤"而不想"近墨者黑"，而防止"近墨者黑"的第一步就是要远离"墨者"，远离"墨者"，才能防止"近墨者黑"。

那么，我们该如何判断"墨者"以防止"近墨者黑"呢？

首先，提高你的判断力、识别力。这两种能力需要一个人有丰富的社会知识和社会经验，且不是一时半会儿就能够提高的。但是，只要我们不断地在实践中摸索，再加上前人的经验，这两种能力自然会有所提高。拥有这两种能力的人，就像是一架精密的监控器，会仔细筛选各色人等，从中找出那些"赤色"的人来做朋友，找出"墨色"的人加以远离。

要注意，当我们对其辨认不清的时候可以先停住脚步，待看清他的本质时再决定是否与其交往，否则很可能会受骗上当。

其次，我们要多与一些有道德修养、有知识文化的人交往，这样，我们才能够向他们靠拢，也才会变得越来越优秀。

警惕身边"杀熟"的人

中国人非常重视熟人之间的关系，因为它代表着某种程度的信任，能带来特定的安全感。但是，有一种潜在风险不能忽视，那就是欺骗熟人、伤害熟人，这是对道德最大的伤害，也会给人际关系带来信任危机。

被熟人"坑"了，往往心里有苦说不出，还要"所有问题都自己扛"。当欺骗和伤害从圈子的外部转移到了圈子的内部，于是就出现了亲戚坑亲戚、朋友坑朋友、老乡坑老乡的现象，这是社会的倒退。

最近几年，刘元做水产生意发财了。平时出去应酬，他出手阔绰，十分风光，经常在大家面前夸下海口："有什么困难尽管说，只要我一出手，一定让大家没有后顾之忧。"

同学王海准备开海鲜自助餐厅，打算找刘元采购原材料。想到刘元信誓旦旦的郑重承诺，又是老同学关系，王海自然信心满满地把采购大单交给了刘元。在开启合作的聚餐中，刘元热情地说："老同学嘛，你尽管放心，一切包在我身上。"

听了刘元的话，王海更加放心了，加上自己原本对水产一窍不通，索性全部交给老同学打理。一开始，刘元按质按量提供合格的水产品，然而过了一段时间，他就开始搞小动作，甚至以次充好，结果不但加剧了饭店的食材成本，还影响到饭菜的口感，消费者越来越不买账。

显然，刘元利用了王海的信任，这种杀熟的做法确实令人不齿。王海悔不当初，也怪他自己太轻信于人了。

"知人知面不知心"，谁也不知道与我们相处的人到底是君子还是小人。很多人正是因为被对方的话语和外表迷惑，才被所谓的密友伤得不轻，承受了无尽的痛苦。

一枚硬币由两面组成，我们在享受熟人带来的便利时，也要警惕某些心怀叵测的熟人带来潜在的危险。如果无条件地相信"熟人好办事"，不警惕身边"杀熟"的人，注定会在人际交往中吃大亏。"不熟不骗，越熟越骗"，"杀熟"现象屡禁不止，分析起来有以下几个原因。

（1）熟人之间行骗的成本低。

对骗子来说，熟人的防范心理几乎等于零，毫无警觉性，更便于设计较周密的骗局下手行骗。一方过于相信熟人，一方下狠手施加危害，后者总是能轻易得逞。所以，与熟人打交道的时候，害人之心不可有，但是防人之心不可无。

（2）骗子知己知彼，更易得逞。

对骗子来说，熟人的情况了如指掌。比如，欺骗对象具有什么样的弱点，喜吃哪一套，有哪些值得自己欺骗的东西，这些都烂熟于心。因此，骗子杀熟的时候就能有的放矢，成功的概率很高。所以，平时与人交往的时候，我们要注意保护好个人隐私，不能对谁都口无遮拦。

社会复杂多变，人们因为各种利益关系会做出有悖于常理甚至法律的事情，伤害到他人。为此，我们要对熟人保持一颗警惕心，避免在最熟悉甚至最亲密的朋友身上吃亏。

帮助他人不能没有底线

在日常生活中，人与人之间免不了互相帮忙。我们常说"助人为乐"，但是，助人为乐却不能没有原则，没有底线，否则，就会使自己陷入被动的状态，也会使自己面临糟糕的境遇。

明明厌恶某件不该做的事，但总是含糊其词；明明知道他人的一些要求不合理，甚至不合法，但还是硬着头皮迁就、妥协，甚至不惜铤而走险。这样做不是明智的做法，而是软弱、麻木不仁。在人际交往中表达友善的态度很有必要，但是并不意味着放弃底线。在某些关键时刻，懂得说"不"很重要。

有的人爱面子，总认为受人之托，如果不能忠人之事，实在不好意思，因此选择勉为其难。在处理人际关系的时候，认清自己的实力很重要。一方面，我们要尽力帮助他人；另一方面，如果时间、精力、物力都达不到要求，不妨鼓起勇气表明实情。

等到无法做到允诺的事情再提出拒绝，给人的印象会更加糟糕，这无疑会对双方的关系造成不良影响，出现好心办坏事的情形。

那么，我们应该怎样去帮助别人呢？

首先，帮忙要量力而行。中国是一个人情社会，力所能及地帮助别人是做人的美德。但是，帮助他人应该参考自身情况，不要超乎所能。小处可以帮，大处要思量，我们不能因为帮助他人给自己添太多负担。而且，授之以鱼不如授之以渔。给予他人本质上的能力上的帮助，比表面的付出更珍贵。量力而行帮助别人既不会对自己产生不好的影响，也不会让别人产生负担。

其次，帮忙要注意身份。我们在给予别人帮助的时候要考虑自己的身份，要注意自己是以一个什么样的身份来帮助别人的，我们还要考虑别人是否会接受我们的帮助，不能够给别人造成太大的心理压力。

其实，救急不救穷，如果他人理所当然地要求我们给予过多帮助，这个"帮助"就变了味道，成了奢望、逼迫。比如，很多人借钱投资、还赌债等，这都不是正常的"帮助"范畴，是利用亲情进行的牟利的手段。真正应该帮助的是急人之所急，是天灾人祸躲不过去的事情，要知道，一份真情往往能帮助他人转换命运轨迹。

帮助他人的底线体现在既能让他人舒服，也能让自己开心，这样做才是正确的，才是有意义的。

路遥知马力，日久识朋友

人心难测，张扬的敌手未必险恶，最难对付的是外表善良的奸诈之徒，因为这些人更容易让我们因疏忽而遭到暗算。特别是那些心口不一的人，看似和你走得很近，往往背地算计你。同样，在危难时，曾被怀疑的朋友往往成为救星，十分信赖的朋友则往往成为背叛者。要知道，这个世界上有很多表里不一、心口不一的人，我们要学会判断哪些人才是真正的朋友。

果断拒绝不断消耗你的人

真正的朋友要从逆境中才能看得出来。因为当你处在顺境中，特别在你春风得意时，杯盏应酬，相互关照，凡来往多的都可以称之为朋友。但如果风浪骤起，祸从天降，你陷入了困境，这时，你倒霉自不必说，就连昔日那些笑脸相对、交往甚密的朋友也将受到严峻考验。这个时候谁是真朋友，谁是假朋友，也就一目了然了。如古人所说："居心叵测，甚于知天，腹之所藏，何从而显？"

权力官位、金钱利益历来都是人心的试金石。在利益面前，人的各种想法会赤裸裸地暴露出来，想藏也藏不住。所以，这个时候正是检验人心的大好时机。但是，这时我们也要更加小心提防身边的每个人。当你身处高位，你的所谓的朋友们往往会对你投其所好，他们多半是因为你的地位而结交，这类朋友在对自己有利或利益无损时，可以称兄道弟，显得亲密无间，可是，一旦有损于他们的利益时，他们就像变了个人似的，见利忘义，唯利是图，友谊、感情统统抛到脑后。通过逆境来检验人心，尽管代价高、时日长，又过于被动，但这种考验的方式却是很可靠的。

真正的朋友是能够经受得住时间考验的。有的人在一时一事上可以称得上朋友，日子久了，共事时间长了，我们就会深刻地了解他们的人品，那些和我们性格、三观不合的人会被自动筛选掉。所谓"路遥知马力，日久见人心"，说的就是这个意思。

生活就是一个万花筒，透过筒孔，我们可以看到自己的身躯，看到别人的形象，看到无处不在的机会和陷阱。人生如棋局，机会如棋子。与人相处要保持淡然的态度，从更长的时间维度审视人心、检阅你与他人的友谊，从而避免成为他人的棋子，让自己的利益受损。

在与人交往的过程中，我们要记住以下两点：

（1）牢记人心复杂多变。一些刚踏入社会工作不久、涉世未深的年轻人，常常会被他人利用而不自知。在现实中，这种情况并不少见。为了避免这种情况的发生，我们应该知晓人心复杂，在与人相处时多留一个心眼。

（2）避免不分忠奸被人当枪使。在人生道路上，不管干什么事，都要与人打交道，与人打交道便要善于辨认忠奸，以免上当受骗，这对于涉世不深的年轻人尤为重要。能从自己身边人的言行举动中辨识出真伪。否则，被虚假的现象所迷惑，良莠不识，就会无意中被别有用心的人所利用，到时悔之晚矣。

人心难测，没有人值得完全相信，留个心眼，才不会上当受骗。

朋友帮你不是义务

在人际关系中，有人认为，既然是朋友，就应该为朋友两肋插刀，这些人对于朋友的帮助认为是理所当然。其实，这是交际处世中的错误观点，因为朋友没有帮你的义务。

王宇换了新工作，上班地点与朋友赵凯的公司很近。恰巧，两个人住一个小区，王宇想搭赵凯的顺风车上下班，于是约对方面谈。赵凯是一个热心肠的人，爽快地答应了。

转眼过了一个月，妻子问赵凯："王宇有没有主动支付一些油费？"

赵凯笑着说："顺路而已，大家都是朋友，没必要搞成利益关系。"

妻子瞪着赵凯说："谁的钱都不是大风刮来的，短时间帮忙可以，时间长了怎么行！"

又过了一个月，赵凯的儿子上小学了，赵凯需要每天早上送孩子上学。于是，他找到王宇，说明了情况，表示自己不能每天接他上班了。

王宇表面没说什么，心里却很不高兴，甚至在背后说赵凯太小气。后来，这些风言风语传到赵凯耳朵里，赵凯很是气愤。

帮人应该坚守底线，不能无条件地给予帮助。赵凯的遭遇提醒我们，有的人不懂得感恩，不值得接受外界的恩泽。

朋友喜欢我们，当然不介意被我们"麻烦"，有时他们甚至十分乐意帮助我们。"点滴之恩当涌泉以报。"我们要常怀感恩的心，来看待朋友的好心。谁都不喜欢自己的好心被人当作坏意，一两次的误解也许还可以忍受，但是多次以后，我们会发现，朋友似乎不再那么"乐意"助人。

也许有人会说，找朋友帮忙，吃顿饭、送个礼物足够了，这样的做法显然是把友谊贱卖了，适度地表达我们的感激是必要的，如吃顿饭、送个小礼物等。其实，对于朋友的帮助不在于"礼"的轻重，而在于心意的表达，让朋友知道他这个忙帮得多么恰到好处，让朋友感受到他受到了重视。对朋友来说，这也许是举手之劳，但对我们来说却是一件很重要的事情。

总之，在与人相处的过程中，我们要常怀感恩之心。我们应当牢记一句话："天底下没有谁帮谁是理所当然的。"没有人应该理所应当地帮助你，任何人帮助你都是因为"情分"，而不是"本分"。清楚地认识到这一点，我们才能够对帮助我们的人怀有感恩之心。心怀感恩，友情才能够更加长久。

第 05 章　　预判失误

忽视小人物会栽大跟头

————————————————————————————————

　　尊重身边的小人物，是成年人社交的潜规则。小人物不是小人，他们虽然职位低微、身份普通，却数量巨大，会在关键时刻影响我们的利益，左右我们的命运。忽视小人物，鄙视小人物，无异于给自己树敌，到头来往往会吃大亏。

小人物决定你的成败

崇尚强者是人的天性，所以，大多数人对腰缠万贯的富豪、家喻户晓的名流趋之若鹜，本能地对这些大人物产生好感，而对身边没有权势、财富和声望的普通人冷眼相待，甚至从骨子里看不起他们。殊不知，这种短视行为会给我们的人生带来难以估量的损失。

一个不容否认的事实是，世界上大部分人都是普通人，是某些人口中的"小人物"。睿智的人拥有一颗平等心，在与人交往中公正地对待每个人，最大程度维护好人缘，便能规避四面树敌的陷阱。

水能载舟，亦能覆舟。小人物能在合适的时间、合适的地点、合适的时机做好事，也能在不合适的时间、不合适的地点、不合适的时机坏你的事。所以，学会善待"小人物"是高情商社交的重要内容。

周强进入一家大公司后，凭借出色的能力与敬业精神，很快成为一名中层骨干，得到老板赏识。不久，他被委以重任，经过半年多时间成功打开西南市场，成为公司举足轻重的人物。

后来，公司销售部经理一职空缺，周强踌躇满志，认为自己胜券在握。然而，名单公布之后，他却落选了。这是怎么回事呢？

原来，公司董事会准备提拔周强为公司销售部经理，不料在提名时遭到人事部的强烈反对，理由是其他员工对周强的负面意见太大。比如，周强在平时从不与同事主动交往，待人接物骄傲自大……更致命的是，有一个销售部的职员说出了一个失败案例——公司曾经丢了一个上百万的大单，而这几乎是周强一手造成的。

看到这么多反对意见，尤其是那个丢失的大单，董事会一致认为让周强进入公司的高层管理队伍不太适宜。

为什么结果会这样？公司高层为何不能力排众议？自己到底错在哪里？后来，周强一位要好的同事道出了事情的原委。

原来，有一次因业务需要，周强等着一笔汇款，然而迟迟不见汇票到账，结果这笔上百万的业务泡汤了。实际上，这是一个出纳给他穿了小鞋。因为，周强平时对这名出纳爱搭不理，结果对方记恨在心，才瞅准机会使绊子。

精明能干的周强无论如何也不会想到，自己竟然在不经意间得罪了"小人物"，最后因为小河沟里翻船，失去了宝贵的晋升机会。

小人物看似无足轻重，实际上往往在关键时刻左右我们的命运。他们要么成就你，要么成为你前进路上的绊脚石。他们可以帮你走向天堂，也一样能够把你送进地狱。

（1）意识到小人物的价值。

"尺有所短，寸有所长"，不要因为一个人没有影响力就忽视他。关键时候，小人物也能改变你的命运。公正待人绝不是说说而已，你懂得善待他人，自然会在将来得到回报。

（2）不与小人物发生正面冲突。

俗话说，县官不如现管。千万不要轻易得罪"小人物"，不要和他们发生正面冲突，以免留下后患。很多时候，成功不是你取得了多大业绩，而是规避了多少麻烦。减少与人正面冲突的可能，就能在工作和生活中顺风顺水，得偿所愿。

（3）擅长与小人物交朋友。

多一个朋友多一条路，少一个冤家少一堵墙。很多人看不起小人物，认为他们势利、贪婪，有各种人性的弱点，其实，他们身上也有很多闪光点，只是我们没有发现而已。尝试着把格局打开，放下架子，学会与"小人物"交朋友，何尝不是一种快乐呢。

记住，做人不能太势利

"做人不能太势利。"这是一个非常重要的人生哲理。事实上，当我们过于强调自我的利益和权力时，往往会导致我们和周围的人产生隔阂，进而影响我们的人际关系和精神健康。

什么是势利，势利是指为了自己的利益而不择手段，通过关系、权力等手段去获取自己想要的东西。在现实生活中，我们经常会遇到一些势利的人，这些势利的人，往往趋炎附势、见利忘义。他们不讲人情，不顾面子，只要利益，赤裸裸地表现出对权势的巴结和对财富的追逐。在他们眼里，连做人的尊严都可以抛弃，只知道一味地阿谀奉承。他们用各种手段去迎合权势，永远保持着表面上的虚伪笑容。这种人看似得到了好处，其实他们才是最可笑、最可悲的人。

唯利是图是一件很可鄙并且很危险的事情。试想，一个人得势的时候，门庭若市，众人趋之若鹜；一旦失势，便树倒猢狲散，墙倒众人推。如果这个失势的人是我们的话，我们就会理解这种一落千丈的感觉，这个时候我们也就会认识到唯利是图是一件多么可怕的事。

俗话说："以势交者，势倾则绝；以利交者，利穷则散，故君子不与也。"这句话告诉我们不要与太势利的人交朋友，跟这种人做朋友，他们往往看中的是你的势和利，一旦你失去了这些东西，他们便会毫不留情地离开你，这种人不值得我们付出真情实感去结交。

在日常生活中，我们要待人实实在在，不可太势利。挺直腰板，堂堂正正地做一个大写的人，这样，你才会赢得他人的尊重，也会交到众多的真朋友。

那么，我们应该如何放下这种势利心态呢？首先，我们需要了解自己的利益和权力追求的局限性，并尝试珍惜我们已有的成就和财富。其次，我们应该尝试多听别人的声音，平衡自己和他人的利益，以建立更加健康、平等和富有同情心的人际关系。最后，我们要时刻提醒自己，要遵循道德规范和正义感，以建立高尚的人格和自我价值感。

做人不要太势利，这是我们必须懂得的道理。我们对待别人要做到真心、坦诚，这样我们才能赢得别人的尊重，也会交到更多真心的朋友。

除了使自己不成为势利的人，我们也不要和太势利的人交朋友。

太势利的人往往都是虚伪的人，他们只会追求势和利，他们不讲人情和面子，甚至可以为了势利放弃自己的尊严，这种人不值得我们交往，和这种人结交只会浪费我们的真心。

学会赢得普通人的好人缘

要想获得好人缘，就要与人搞好关系，让对方认同你、喜欢你。有了这个基础，往往能在关键时刻办成大事。但与人搞好关系，是需要讲究策略的。

孙宇是一名初中生，性格开朗活泼。他家所在的楼里住着上百户人家。孙宇每天出门见到周围的邻居都会热情打招呼，虽然他连对方的姓名都不知道，但他每次都会恳切地叫叔叔、阿姨。

有一次，孙宇和几个同学骑车郊游。刚走到半路，他的自行车出了故障。大家看了看四周，这里前不着村，后不着店，根本找不到修车的地方。一时间，众人急得团团转。

这时，一辆汽车从他们身边开过去。突然，车子倒了回来并停住了，司机从车里面走下来，朝孙宇打招呼："孙宇，怎么回事，遇到什么麻烦了吗？"

当时，孙宇只觉得对方眼熟，但是记不起是谁。司机好像看出了孙宇的心思，就对他说："我是八楼的张叔叔啊！"

孙宇恍然大悟，急忙向对方说明了自己的情况。

张叔叔热心地说："这好办，我帮你去修自行车。"

说完，司机把自行车放在车后备箱，到十几里外的地方把车修好了，然后又把孙宇送了回来。

孙宇因为见面主动和别人打招呼，使自己成为一个极具亲和力的人，在关键时刻赢得了他人的帮助。

首先，我们要做到不论亲疏好歹，都保持正常关系。在日常生活中，我们与他人发生个人嫌怨是不可避免的，因为我们都是人，都有可能犯错误，也都会有情绪。但是这些嫌怨能化则化，千万不要带到生活与工作中来，不要影响你与周围人的关系。许多时候，你太斤斤计较，不是一件好事，反而会给人一种心胸狭隘的感觉。即便以前有过摩擦，也不要带到当下的相处中来，这样你们的关系才能延续下去，才能有合作的机会。

其次，我们要努力修正自己的嫉妒心，与他人和睦相处。在一个团队里，大家相处在一起，产生嫉妒心理是很正常的。尤其是年龄相仿、职务相当、学历相同的人之间，一旦身边的人被上司赏识，其他人大多会不服气，从而嫉妒那个被赏识的人。这时，你应该利用嫉妒来激励自己，而不是把气撒在别人身上。当你发现他人有优点、业绩突出时，你应该真诚地向他请教。这样做，才能减少摩擦和矛盾，从而建立融洽的关系。

当他人被批评时，你表示同意也要说一些对方的优点。一个人批评另外一个人，要你发表意见时，你应该在承认这个人有缺点的同时，也说出这个人的其他优点。这样，我们既能表明自己的态度，又能不得罪人。

最后，有关他人的隐私，我们即使知道也要装作不知道。与人拉关系，很重要的一点就是说好话、办好事、做好人。这要求我们必须有一颗合作心，懂得克制自己，不泄露他人的隐私。

好人缘取决于我们是否会做人，把人做好了，做到位了，多跟普通人交朋友，让大家认同，自然容易获得好关系。不会做人，人见人烦，四处为敌，想要取得成就自然难上加难。所以说，好人缘取决于我们自己，学会了做人，我们的人缘自然不会差。

尊重他人是一种教养

在日常生活中，我们每个人都渴望得到别人的尊重，我们也需要尊重别人。一个懂得尊重别人的人，才能够得到别人的尊重。

尊重，简单来说，就是一种品德。它反映的是一个人的文化素养和道德修养，同时也反映了一个民族的文化底蕴。尊重是能够坦然面对自己的缺点，发现别人的闪光点。尊重他人是一种高尚的美德，是个人内在修养的外在表现。尊重，是自我内涵的表现，也是每个人所必须具有的品质。每个人都有一些不想被他人知道的秘密，我们要理解别人，保护好别人的隐私，这就是尊重。

当年，顾雯还是山东省某实验中学高三的学生，她参加了中国海洋大学首次自主招生考试。面试结束以后，顾雯走出考场。这时，两名门卫帮她拉开了大门。顾雯很自然地向门卫点头致意，并说了声"谢谢"。

这时，中国海洋大学的教务处处长走过来，对顾雯说："你很有礼貌，在今天下午已经结束考试的80多名考生中，你是第一个向门卫说谢谢的考生。"后来，顾雯成功进入中国海洋大学读书。

原来，在面试当天，这个教务处长一直在考场外观察考生。结果他发现，竟然没有一个考生会对主动开门的门卫致意，或者说声"谢谢"。直到顾雯的出现，才让这位教务处长眼前一亮。

因为一句话，顾雯在关键时刻充分展示了良好的个人形象和修养。最终，她得到上帝之手的帮助，顺利进入理想的大学。

世界上没有无缘无故的爱，也没有无缘无故的恨。成功看似偶然，却隐藏着必然。

尊重是相互的。要求别人尊重自己，就要拿出相应的礼貌去尊重别人。不管对方是身份显贵的大人物，还是没有名气的普通人，我们都要加以尊重。受人尊重，是人的一种需求。一个人只有充分尊重他人，并热情友善地与他人交流和沟通，才能真正赢得他人的充分尊重。要记住，尊重别人就是尊重自己！

尊重别人，是对他人人格与价值的充分肯定，如果你不尊重别人，使别人的自尊心受到了伤害，那必然会受到别人的报复。在现代社会中，尊重别人是为人处世的基本原则。在交往中，任何不尊重他人的言行，都会引来别人的反感。所以，要想得到他人的尊重，尊重他人是前提。

尊重他人，便要设身处地为他人着想，给他人面子，维护他人的尊严。一个懂得去用心尊重他人的人，一定会得到他人的尊重。

主动与众人打成一片

俗话说，"物以类聚，人以群分"，说的是有着共同爱好、理想、性格的人能走到一起，发展关系、进行合作。道理很简单，大家能够说到一块儿、打成一片，才能够成为朋友。

在人际交往中，把自己扮演成"我们是一个队伍里的人"，往往能获得对方的认同。与人交往，首先要赢得对方的认可、欣赏和信赖。想要赢得对方的信任，我们需要主动与他们打成一片。与众人打成一片不是做表面功夫，不是言不由衷地胡乱敷衍他人，而是要学会"放低姿态，放软身段"，学会仔细倾听别人的话，学习"忖度他人之心"，尊重对方的意见、理解对方的心情、体谅对方的情意。

吴起是我国古代军事家，智谋超人，善于用兵，给后人留下了《吴子兵法》一书。

在《治兵》篇回答魏武侯"兵何以为胜"的问题时，吴起说："统帅能与士卒同安乐、共患难，就能让军队团结一致不离散，从而形成一个利益共同体，可以连续作战不疲惫，无论用它指向哪里都所向披靡，这叫作父子兵。"

吴起是这样说的，也是这么做的。有一次，一个士兵身上长了毒疮，吴起就用嘴给这个士兵吸吮疮脓。结果，这位士兵和其他将士都深受感动，大家同仇敌忾、奋勇杀敌，极大地增强了团队战斗力。

从中可以看出，吴起之所以能够每战必胜、震惊诸侯，是因为他能够与大家共安危，打成一片，而不是高高在上、鹤立鸡群。

增加人望、增广人脉，不仅需要物质上的付出，更多是注重将心比心。放下身段，与众人打成一片，站在他人立场考虑问题，尽量体谅对方的心情，这样，我们才能够赢得他人的信任与尊重。

一般来说，人的"身段"是一种"自我认同"，也是一种"自我限制"。不能够放下身段的人，只会让路越走越窄，能放下身段的人，则会把路越走越宽。

在现实生活中，有的人腰缠万贯，位高权重，声名显赫，如能放下身段，非但不失身份，反而更能得到大家的敬重，赢得周围人的好感，迅速地和其他人打成一片。这何尝不是我们走向成功的关键一步呢？

拥有好人缘的人一定不会是人品很差的人。因为，他们身边的人都愿意和他做朋友，都愿意和他交往，这说明他赢得了这些人的信任，他是值得信赖的人。我们不但要试着与这种人打成一片，还要试着让自己成为这样的人，这样，我们才能够赢得别人的信任，通往成功的路才会越走越宽，我们才能成为别人眼中更好的人。

善于结交低微的边缘人物

看一个人如何对待小人物，就知道他会不会成为大人物。《伊索寓言》里有这样一句话："不要瞧不起任何人，因为谁也没有懦弱到连自己受了侮辱也不能报复。"生活中，与人打交道的时候，人们会无意识地以身份、地位、职业来衡量对方，这种对待别人的方式是极其错误的。我们千万不要带着过于势利的短浅眼光经营人脉。富贵的人，出金入银，就一副对其恭维的嘴脸；对潦倒的小人物则忽视、轻视、鄙视，用这种方法处理人际关系会让我们吃大亏。

在人际交往的过程中，那些目光短浅，只顾眼前利益的人，便会像上文一样区别对待身边的人，而真正聪明的人眼光长远，从不会轻视低微的小人物，而是主动与他们结交。不管你是何种身份，可以说，越是小人物越会对你忠诚。只要你对他们足够真心与尊重，他们对你所交代的事情一定会执行到底，绝无懈怠！所以，我们应该结交一些小人物，以对我们日后的发展更有好处。

李晨是一家房产中介的负责人时，因为"结交小人物"而大获成功，为我们提供了有益的启示。

创业之初，李晨住在一个商住公寓里，同时兼营这座公寓的房产中介服务。经过一番细心观察后，李晨发现：凡是对公寓有兴趣的买家，第一次总是先询问大门管理员。比如，询问的人总是这样提出问题："最近有没有住户要卖房子啊？价钱多少呢？"

于是，李晨开始有针对性地结交这个管理员。每天出入大门，他会主动和值班的管理员打招呼，每次出差回来都会带一些当地特产，送给这位管理员。一来二去，李晨和这位大门管理员成了无话不谈的朋友，所以提供公寓租住和买卖信息也就水到渠成了。

后来，每当有人前来询问公寓的出租信息，或者表达买卖意愿，管理员都这样回答："你去问住在 6 层 608 房间的李先生，他能为你提供周到满意的服务。"结果，这座公寓里有人急着卖房子，李晨总是第一个知道。由此，李晨在这座公寓的中介服务中赚取了不少利润。

想要平等对待小人物，就要求我们对小人物给予平等的尊重，不能依据对方的学历、资历来调整态度，语气不能依据对方的职称、职位来调整轻重，表情不能依据对方的外貌、收入来调整冷热。这样，我们才能够得到小人物的拥护，使其在我们的发展中发挥作用。

当你才华暂时无法施展时，更不要忽视小人物。不要认为小人物都是默默无闻的，小人物也有机会接触到一流人物，绿叶的后面可能是毒刺，小人物扳倒大人物的事例屡见不鲜，不过，如果你善于结交这些小人物，懂得尊重和重视他们，他们就会忠诚于你。而你则很有可能会成为日后的大人物。

第二篇

逃离沟通的陷阱

沟通是一场无限游戏。无论是说服他人、向上司汇报工作、求同事帮忙，还是宴席上发表祝酒词、竞聘中的演讲、教导孩子好好学习，都需要掌握高效沟通的原则和方法，以解决社交的卡点和痛点。

第06章　讲话规矩

别破坏人际沟通的潜规则

病从口入，祸从口出。在人际沟通中，话不能乱讲，要遵守特定的规矩。比如，中国古人讲究"喜时不诺，怒时不争，哀时不语"。在不同的社交场合，讲话守规矩的人既懂人情，也知世故，因此混得风生水起。

人微言轻就要少开口

所谓"人微言轻"的意思就是地位低的人说话没有分量。这里的"言轻"不是指说的话没有见地、没有价值，而是没有人重视，甚至没有说话的机会。而"人微"则是指地位低的人。人们往往认为"人微"是"言轻"的前提，地位低的人说出来的话往往不被人重视。

那么，地位高低又要怎么来区分呢？

其实，地位高低并没有标准，而是相对的，在不同的场合中，人们的地位高低往往随之有所不同。也就是说，在同一场合中，别人的职位比你高、资历比你深、专业素养比你深厚时，那么你就是"人微"了；但如果换一个场合，其他人都不如你或者和你差不多时，那你的身份就不一样了，就不再是"人微"了。

既然如此，为何人人认为"人微"就会"言轻"呢？

人们总喜欢倚老卖老，认为自己经验丰富，认为别人见识短浅，或者是崇拜权威，因为权威可以让人们产生安全感。又或者是因为你的身份地位和他们悬殊，说话容易让他们没面子，或者说话没有分量……各种各样的原因导致了"人微"而"言轻"。

既然人微言轻，那就少开口。因为你没有机会开口，就算开了口，也不会被人重视，甚至还有被嫌恶的可能。很多人在现实生活中都有这样的体会，在没有金钱没有财富地位的时候，比较好的方法是先以沉默的方式取得别人对其存在的认可，并慢慢地被赋予说话的权利。

但是，如果你说的话有价值，自然也会产生力量，别人也会听取你的意见，而最忌讳的则是不甘寂寞，企图以言语吸引别人的注意，以确立自己的地位，这种做法是非常愚蠢的。如果你非说不可，说话的时候一定要把自己的姿态放低，以免引起他人的反感。

"人微言轻"时，即使你说的话很有价值，也有可能当场被反驳，或者在事后受到压制，所以，少发表自己的意见，多听别人的意见，不要破坏人际沟通的规则，在聆听中成长进步，学习社交和人际沟通的技巧，在沉默中积攒力量来获取说话的权利。

有效表达不能丢了分寸感

古话有云："凡事过则损，需把握分寸。"简单理解来说就是，做任何事情都要有分寸，不要超越界限。

说话有分寸感是尊重他人的表现。人与人之间，保持一定的距离，是对彼此最起码的尊重。周国平先生说过："分寸感是成熟的爱的标志，它懂得尊重人与人之间必要的距离。"说话有分寸是用语言表达思想感情的一种巧妙的方式。得体地把握语言分寸感的人，从来不会勉强别人与自己有相同的观点或相同的喜怒哀乐，他们善于运用得体的语言准确地表达出自己的想法和观点。这种人在说话之中既表达出了自己的思想感情，又尊重了别人。

张明和王亮大学毕业后一起进入某公司销售部，他们工作能力相当，工作业绩也不相上下，但两人性格迥异，为人处世的方式也有很大差异。

其中，张明是个大嗓门，和谁说话都是直呼姓名，例如，他总是喊身边的同事"小张""小王"等。有一次，销售经理正在办公室接待客人，张明在门口高声喊道："老李，你来电话了。"销售经理听后十分恼怒，一边向外走一边想："一个下属竟然当着客户的面喊我'老李'，太过分了!"

王亮则不同，不论见到谁他都恭敬有礼，总是称自己的上司为"×经理""×主任"等，而对与自己平级但资历较深厚的同事则称"哥哥""姐姐"。上司每次交代的任务，王亮都认真完成，具有极强的执行能力。并且，下班后他总是走在最后，如果见到有人走得晚便主动上前沟通。

不久，销售经理助理被调到其他部门，公司决定采用公开竞聘的方式选拔新的助理。张明和王亮作为销售部的业务骨干，一起参加了这次竞聘。最终，王亮以高票当选成为经理助理。

懂分寸的人，做人做事一定会让人感到亲切，而又不失尊重。而不懂得使用得体语言的人，在说话中则很难做到尊重别人，最后在社交中往往越来越被动。

说话虽然要讲分寸，但也要把话说到位，让别人理解你的意思。说话进退有度，是一个人迈向成功的必修课。

那么，怎样掌握说话的分寸感呢?

（1）与人沟通时不要过度倾诉。

我们在倾诉的同时，另一方便充当了倾听的对象。倾诉是一种索取，不需要动脑子。而倾听则需要动脑，相当于是一种给予。如果一方一直在倾诉，而另一方一直在倾听，那么，倾听的那一方心里就会感到不平衡。所以，我们在这种情况下，要注意对方的情绪，不要过度倾诉，把握好分寸，让对方感到舒服和被尊重。

（2）不轻易过问他人的隐私。

一些涉及隐私的问题往往会触及他人的伤痛或者是不堪的事情，我们要学会尊重他人的隐私，不触犯他人的边界，控制住自己的好奇心和八卦心，注意自己的言行，给他人留下一个好印象。

（3）不轻易暴露自我。

暴露自我不仅会使自己受挫，而且会有泄露隐私的风险。所以，我们在表达中要学会隐藏真正的自己，不要把自己过度地暴露出来，需要注意分寸和节奏，这样，既尊重了别人，又保护了自己。

（4）说话时做到进退有度。

在社交中，要学会用得体的语言来表达自己的看法，这样，容易给人如沐春风的感觉，给别人留下良好的印象。

在表达中保持好分寸感，不勉强别人，也不勉强自己，这种状态是人与人相处的最好状态，也是社交中最舒服的状态。

听不懂言外之意是大忌

在人际交往中，有些话不能直接说出来，要靠暗示来表达。这就要求我们要听得懂弦外之音、话外之意。"说话听声，锣鼓听音"，指的便是说话要注意"弦外之音"。

安东尼奥·罗西尼是19世纪意大利著名的作曲家。有人拿了一份东拼西凑的乐曲手稿前来请教，罗西尼端坐在椅子上，认真地听对方演奏。

其间，罗西尼不停地摘下帽子，这引起了对方的疑惑。这个人问道："请问，是不是屋里太热了？"罗西尼摇摇头说："不是。我有见到熟人脱帽的习惯。在阁下的曲子里，我碰到了许多老朋友，不得不脱帽打招呼啊！"

对方立刻明白了罗西尼的意思，知道自己这点儿小伎俩被识破了，于是连声道歉，迅速离开了。

显然，罗西尼知道这个人抄袭了别人的曲子，但是他没有说破，给对方留了面子。

用暗示的话批评他人，既形象生动又诙谐风趣，耐人寻味。并且，罗西尼也给对方留了面子，让他知难而退，妥善处理了眼前的尴尬。

那么，我们怎样做才能听懂他人的言外之意呢？

（1）要设身处地地倾听和了解对方。

要想了解对方言语外的丰富含义，仅仅认真听对方讲话是不够的，还要用同理心去倾听。所谓的同理心，指的就是能够换位思考，站在对方的立场来思考对方的想法和观点，更重要的是，能设身处地地体会对方的感受。如果我们能真正设身处地地为他人着想，体会他人的感受，我们便有可能了解一个人话语中的言外之意。

（2）要关注细节。

我们要通过观察他人的身体动作、体态、语气语调等细节来揣摩他人说话的言外之意。因此，在倾听他人说话的时候，我们不仅要用耳朵听，更需要用心去体会。

听懂和了解言外之意对我们的社交和生活具有很大帮助，这可以让我们更好地与别人进行沟通。因为言谈能告诉你一个人的地位、性格、品质，甚至流露的内心情绪，而听懂言外之意是"察言"的关键。只有正确地"察言"，才能在与他人交流中更好地把握他们的想法，更好地与之进行沟通。听懂了他人的言外之意，我们才有可能在社交中占据主导地位，提高我们的话语权，更好地发表自己的意见，从而更好地与他人交流。

你是不是好为人师

孔子曰："三人行，必有我师焉。"这句话的意思是说别人的言行举止一定有值得我们学习的地方。

人各有所长，智慧和经验阅历各有不同，道德品质有高低之分，社会成就和事业也有高低之分。如果我们每个人都在合适的范围内能寻找到弥补自己弱点及不足之处的老师，给自己的智慧更大的启迪，对自己的成长和事业的成功都会有很大的帮助。

在日常生活中，好为人师、强为人师并不是一件好事。好为人师的人往往企图在某件事情上找到优越感。追求优越感是每个人都向往的事情，不论强者还是弱者，人们都希望得到他人的承认，都想要追求一种超越他人的优越感。我们一旦想成为人师，就会降低他人的优越感。因此，有些人便会抵制排斥我们的出现，我们的说教便不会起到任何作用。

有时，我们或许只是出于热心和友善给予别人指点和帮助，在这种情况下，我们更需要注意自己说话的方式。

首先，我们需要注意自己和说话对象的关系。

其次，我们要注意自己的身份和社会地位。最后，我们还需要注意建议的内容和当时的情景。

总而言之，最好不要去为人师，而不得已为人师的时候我们应该牢记"人微言轻"，没有一定的身份地位最好谨言慎行。

良药苦口利于病，忠言逆耳利于行。忠告的话往往令人难以接受，甚至会引起反感。因此，我们对别人进行忠告时，要带着体谅的心情，并且切勿在大庭广众之下提出忠告，且要用合适友善的方式来与对方交谈，让对方感受到被尊重。如此，我们给出的建议便更容易被他人接受，从而有助于提升我们的权威和他人对我们的好感。

说话傲慢会四处碰壁

傲慢是指看不起人，对人怠慢没有礼貌。

生活中有这样一些傲慢之人，他们骄傲而自负，总觉得自己高人一等，常常表现出冷漠而盛气凌人的态度，行为上喜欢独来独往，不爱理睬别人。这样的人看起来似乎很"潇洒"。但在现实生活中，这些人因不懂人情世故往往被周围的人所疏远，甚至在生活中处处碰壁而寸步难行。

在中国的字典里，傲慢并不是一个褒义词，中国的传统文化素来鄙视傲慢，崇尚平等待人。按照中国传统文化，越是才学丰富、见多识广的人越谦虚；越是学识肤浅、气量小的人则越傲慢。

相传南宋时江西有位名士傲慢至极。有一次，他提出要与大诗人杨万里会一会。杨万里谦和地表示欢迎，并提出希望他能带一些江西的名产配盐幽菽来。名士见到杨万里后说："请先生原谅，我是个读书人，实在不知配盐幽菽是什么乡间之物，因此无法带来。"

杨万里则不慌不忙地从书架上拿下一本《韵略》，翻开其中一页递给名士，只见书上写着："豉，配盐幽菽也。"原来，杨万里让名士带的就是家庭日常食用的豆豉。名士面红耳赤，方恨自己读书太少，后悔自己不该太傲慢。

杨万里读了很多书，态度却依然谦和有礼，而那位所谓的名士自觉读的书多，态度傲慢至极，最后自取其辱，实在是可笑至极。

　　在日常生活中，我们要想不傲慢需要做到以下两点：

　　一是认识自己，二是平等待人。一个人要正确认识自己并不容易。人贵在有自知之明。古今中外成大事者，都是虚怀若谷、好学不倦、不骄傲的人。我们要时刻告诉自己"人外有人，天外有天"。与人交往一定要做到平等待人。人本无高低贵贱之分，每个人都有自己的人格。"不谄上而慢下，不厌故而敬新"，待人时我们不应用卑贱的态度去巴结逢迎有权势、有钱财的人，怠慢经济条件较差、社会地位不高的人，而应不管彼此之间的社会地位和生活条件有多大的差别都一视同仁。

　　傲慢是无礼的表现，而无礼必将遭到别人的厌弃。如果你不愿遭到别人的反感、疏远，那你就切勿傲慢和过分强调自我。谨防傲慢，将会使我们的人际关系更加和谐，使我们生活得更加幸福和愉快。

第 07 章 场面沟通

不会捧场的人缺乏社交软实力

生活中，各种社交场合应接不暇。从结婚庆典、生日聚餐到公司会议、商务谈判，在不同的场合接触不同的人，要善于讲场面话，主动为他人捧场。你说的每句话既有的放矢，又恰如其分，才能彰显你的社交软实力。

到什么山上唱什么歌

面对不同的人，要选择不同的表达方式、谈话主题，忌讳自说自话。正所谓"见什么菩萨卜什么卦，看什么人说什么话"，说话之前一定要搞清楚对象和场合，否则，在社交过程中会触碰禁忌，甚至吃大亏。

与他人交往的过程，提供必要的情绪价值是重要法则。为此，我们必须要照顾对方的心理感受和利益诉求，说话的时候要讲究措辞，满足对方受尊敬、被呵护的需求。此外，了解对方的喜好、洞察对方的心意也是不可缺少的。如果不分场合、不分对象乱讲话，势必会使双方陷入尴尬，甚至得罪人。

张宇和他人经营着一家汽车维修公司，业务发展不错。一天，他准备动身去苏州拜访一位大客户，临走前，合伙人一再叮嘱他："南方人个个头脑精明，不像咱们小县城里的人质朴，见到客户说话办事都要谨慎，千万不要因说错话而坏了大事。"

看到合伙人焦虑的样子，张宇随口说道："你放心，我早已准备了一百顶高帽，每见到一个人我就送他一顶，到哪里都能吃得开，你就安心听我的好消息吧。"

合伙人是一个做事严谨的人，对阿谀奉承之事敬而远之，听张宇这么一说，不禁更加为张宇担忧起来，他告诫张宇："做生意最重要的是诚实和信誉，说话不浮夸才能令人信服，一味地阿谀奉承只会令人讨厌。"

张宇看到合伙人这么说，连忙微笑着安慰道："你批评得对，我一定牢记你的话，像你一样做一个严谨正直的人。"合伙人听到这里，不禁笑了起来。张宇心中感叹："就连这样严肃的人都喜欢他人恭维，商场上的合作伙伴更不用说了。不论男女老幼，都喜欢听顺心的话，这是人性使然。"

到达苏州后，张宇顺利与客户签单。后来，他面对各种客户都善于根据不同情况转换说话策略，很快与客户打成一片，受到了合作伙伴的认可。无论在什么场合，他始终坚持"宁说十句软话不说一句恶语"的原则，结果生意越发红火。

直言直语并非不可取，但经验表明，在社交中懂得人情世故，针对特定的人、特定的场合说特定的话，即投其所好，到什么山上唱什么歌，更能得到对方认同和支持，达成预期目标。

比如：对方性格豪爽，便可以单刀直入；若对方性情迟缓，则要"慢工出细活儿"；若对方生性多疑，切忌处处表白，应该不动声色，使其疑惑自消。

有人可能认为，到什么山上唱什么歌是一种没尊严的行为，所以他们宁可整天一副刻板严肃的样子，以致无法赢得周围人的好感。其实，主动放低姿态，变换一下说话办事的策略，采取对方乐于接受的方式去沟通，不仅维持了场面上的融洽关系，还为自己的成功之路减少了障碍，何乐而不为呢？

不会打圆场必然陷入尴尬

生活中的应酬是一门人情练达的学问。无论是亲朋好友结婚生子，还是同事之间升职加薪，在人际交往中都要互相帮衬，万万不可令对方下不来台，丢了面子。

除了日常礼尚往来，社交过程中打圆场的情况非常普遍。比如，双方产生矛盾或分歧，谁都不甘示弱，如果有第三方出面周旋一下，令矛盾的双方各退一步，便可以有效化解尴尬的场面。站在第三方的立场，如果你善于打圆场，往往能有效融洽气氛、打破僵局，成为大家眼中解决问题的高手。

辞职后，李娜开了一家奶茶店，生意非常红火。店里服务员不多，所以，忙碌的时候她也会主动帮忙，尽可能把顾客照顾到位。

这一天，到了下班时间，到店里消费的顾客特别多，一位女孩排队很久才成功下单。过了一会儿，服务员端来奶茶。女孩早就口干舌燥了，端起来喝了一大口，结果喝得太猛呛到了，女孩瞬间喷出奶茶，溅落到对面的男顾客身上。

面对突如其来的窘境，男顾客气冲冲地站起来，朝着女孩大喊："你没长眼睛吗？"

女孩面带愧色，立刻为自己的不雅举动道歉，男顾客见女孩态度诚恳，便不好意思再纠缠下去。随后，女孩朝服务员喊道："我要的是巧克力奶茶，为什么端上来的是黑糖奶茶？快叫你们老板过来，你们要弥补我的损失，更要赔偿那位先生。"

服务员急忙过来道歉，承认自己上错了奶茶。但是女孩正在气头上，依然不依不饶。看到围观的人越来越多，李娜快步走到女孩面前，微笑着说："小妹妹，真的很抱歉，让你受委屈了。今天这事儿怪我们，你和刚才那个大哥的奶茶我请了。服务员，快去补一份巧克力奶茶。"

听老板这样说，女孩消了气，干脆顺坡下驴，不再计较。

试想，如果李娜不打圆场，或者与顾客针锋相对，势必会让事情越闹越大，到头来影响奶茶店的生意。

在人际交往的不同场合，有掌控力的人总能把握现场的气氛、整合众人的意见，站在全局的高度弥合分歧、化解尴尬、处理矛盾。这样的人擅长打圆场，在大家眼里成了会说话办事的人。其实，打圆场看似容易，实则需要各种技巧，它不仅要求当事人灵敏机智，还要掌握一些说话办事的智慧。

（1）站在双方立场表达意见，引导双方自省。

当矛盾双方针锋相对时，偏袒任何一方都无法收场，只会引起另一方变本加厉地进行反击。聪明的人能够照顾到双方的利益诉求点，并在对方容忍的范围内适当批评，同时提出主张。一番安抚之后，通过引导双方反思自我，督促大家各让一步。

（2）有效转移双方的注意力，让矛盾降温。

当双方为一些非原则性的问题争执不下时，聪明人懂得转换思路，比如主动岔开话题，转移双方的注意力，让争论告一段落；或者夸大继续争执下去有哪些严重后果，暗示双方知难而退。

场面话可以说，但不可信

场面话更多情况下是一种应对策略。当事人出于各种目的、利益、情势，说话往往言不由衷，或者背后隐藏着很多潜台词。如果不明白其中的玄机，往往会信以为真，到头来闹出一场笑话。对场面话万万不可当真，更不能要求说话者对此负责。

其实，面对复杂情景，有时候说话者有必要说一些违心的场面话，这是社交场合的生存话术。作为听众，如果信以为真，到头来往往会失望至极。

孙亮在一家事业单位工作了多年，虽然兢兢业业，但是始终没有机会升职。后来，通过朋友介绍，他拜访了当地主管人事调动的领导，希望能调到另一个恰好有空缺的部门，既能改善工作环境，又能升职加薪。

面谈的时候，那位领导表现得十分热情，并且当面答应了孙亮的要求。当时，对方甚至拍着胸脯说："这事包在我身上了。"

孙亮满意地回去等消息，期待着调职命令早日下达。怎料过了半个月，没有一点儿动静；又过了一个月，还是没有消息。两个月过去了，还在原来岗位上的孙亮不禁慌了神。他给那位领导打电话，结果对方要么正在出差，要么正在开会。

后来，孙亮经过多方打听后得知，那个空缺的位子已经有人捷足先登了。孙亮得知真相后不但很惊愕，还很气愤："对方明明答应我了，说这事保证没问题，为什么出尔反尔？"

孙亮的遭遇很值得同情，但那位领导也并没有实质性的过错，他只是说了"场面话"，而孙亮相信了他的"场面话"。面对各种场面上的话，正确的策略是听听就算了，万万不可信以为真。否则，你会因为期待过高而失望，到头来陷入痛苦的深渊。

提到"场面话"，多数人认为那是空话、假话，是逢场作戏。这样理解场面话等于陷入了认知的误区。从社交行为来看，场面话是一种艺术，如果想在复杂的社会关系中左右逢源、游刃有余，适当说点场面话是很有必要的。场面话说得好，有助于我们在人际交往中打开一片新天地。

与陌生人初次见面，主动发现对方身上的优点，并主动给予赞美，能瞬间拉近双方的关系。比如，称赞对方的衣服很漂亮，称赞对方身材很好……这种场面话有的是实情，有的则与事实有相当的差距，但是只要不太离谱，对方都会很高兴，并且对你报以友善的态度。

通常，当面拒绝人，场面会很尴尬，而且会得罪人，用"场面话"应付，能帮忙就帮忙，帮不上忙或不愿意帮忙再找理由也不迟。所以，很多时候，对方的承诺只是一种场面话，万万不可轻易相信。

说话办事别违背人情原则

在我们身边，有的人高学历、高智商，但是始终无法与他人融洽相处，说话办事也不得人心。究其原因，就是不懂人情世故。中国是一个人情社会，相互捧场是人情的重要体现。在某些场合，说话办事遵循人情原则，会很容易得到外界认可，顺利打开局面。

具有人情味的社会与社交关系，会让人感受到安全、幸福与快乐。比如，下班后与朋友小聚，少了日常生活中的琐事烦扰，大家亲密交谈、畅快沟通，不但能从对方的言语中获得情绪价值，还能在信息交流中互通有无。

情商高的人尊重人们的心理认同与文化习俗，在各种场合都能遵循人情逻辑，善于在应酬中解决问题，体现了高超的办事能力与处世艺术。

周强是广东一家外贸公司的业务经理。有一次，公司派他找一家企业生产一批玩具。经过多方联络和接洽后，周强与一家生产企业达成了口头协议。没过多久，市场行情发生了变化，原材料价格上涨30%；随后，对方提出玩具的出厂价格也要涨价，对此周强显得很被动。

接下来，周强与该企业的经理进行了多次谈判，然而，玩具厂领导态度强硬，不肯退让。看到公事公办无法打开局面，周强暂时终止谈判，邀请那位经理吃饭、旅游。在旅途中，周强没有和对方提起任何有关业务上的事情，而是与之交流人生，完全把对方当作交心的朋友。几天下来，双方成了亲密无间的好朋友。

旅途结束后，双方再次坐到谈判桌前，这位经理主动让步："大家已经是好朋友了，我是不会让朋友吃亏的，你定个价格，我马上签字。"最后，周强把价格在原来的基础上稍微提高了一点，双方顺利签约。

世界就像一个巨大的谈判桌，不管我们是否承认，大家每时每刻都在与他人进行谈判，周旋于各种利益关系之中。在不同的谈判场合，如果总是斤斤计较、针锋相对，显然会恶化彼此的关系，让谈判陷入僵局。高明的谈判者遵从人情原则行事，说话办事处处体现人情，结果总能达成所愿。

"先谈交情、后谈交易"，这种场面应酬之道需要每个人认真学习。遵从人情原则与人沟通，因人、因地、因时把握对方的心理状态，很容易会找到有效的沟通策略，从而掌握社交的主动权。

给朋友捧场，是成全他人；朋友给我们捧场，是成全自己。做一个富有人情味的人，说话办事照顾到场面上的各种需求，这是人己两利的事情。遵从人情原则行事，善于给他人捧场，才能把"人情"送出去，把"友谊"请进来。

在饭桌上乱说话是大忌

在中国这个人情社会，人们在饭桌上相聚，或交流感情，或展开商业活动，或欢庆胜利果实。这时，如果掌握饭局中的对话技巧，拿捏好分寸，恰如其分地表达意图，便能获取有价值的人脉资源与合作机会。

饭桌上的种种规则、礼仪、禁忌，其实是文化传承的结果，也是社会心理的诠释。在这里，你如果做出不合时宜的举动，势必会招来异样的目光，甚至被贻笑大方。

西汉时期，灌夫参加宰相田蚡的婚宴。当时，前来捧场的都是皇亲贵族、朝廷高官，觥筹交错之间比拼的是权势和地位。

灌夫举起酒杯，走到田蚡身边，准备向新郎敬酒。但是，对方没有站起身，生性高傲的灌夫酒劲上头，竟然发起了牢骚："您贵为宰相，遇到今天这样大喜的日子，应该干杯。"田蚡被灌夫将了一军，显然下不来台。当着大家的面，他不能发火，只能压制心中的怒气。

接着，灌夫又敬临汝侯灌贤。此时，灌贤正与大将军程不识聊得起劲儿，根本没注意到灌夫走到身边。生性鲁莽的灌夫误以为对方小瞧自己，立刻大怒："程不识算什么，一个不值一提的小人物，你们嘀嘀咕咕，能有什么好话？"

在这么重要的场合，灌夫这番话显然破坏了其乐融融的气氛，现场顿时变得鸦雀无声。宰相田蚡作为主场的当家人，立刻出面劝阻，让双方保持克制。结果，灌夫越发得意，趁着酒劲儿竟然骂得更欢了。大家眼看形势不妙，立刻寻找各种借口退场。结果，这场欢庆的喜宴彻底被灌夫毁掉了。

灌夫酒后胡言乱语，显然是砸场子的行为。哪怕宰相田蚡站出来打圆场，灌夫仍始终不肯低头。最后，田蚡一怒之下下令逮捕灌夫，随便找了一个理由治其死罪。

婚宴是日常社交活动中的重大场合。灌夫竟然不顾各方颜面大言不惭，结果将自己置于危险的境地。如果灌夫能认识到事情的重要性，不胡言乱语，便不会因此丢了身家性命。

人生在世，一日三餐，大家聚集到饭桌上，不仅是为了享受精美的食物，更是为了联络感情、增进友谊。推杯换盏之间，人们说的每句话都饱含深意，隐藏着各种信息，透露出内心的情绪与想法。

一位在商场中摸爬滚打多年的成功人士曾说："对生意人而言，吃饭简直太重要了。出于商业目的，怎么吃饭不再是一件简单的事情。鲍鱼也好、燕窝也罢，都变成了一种商务工具或道具，如何发挥它们的作用，确实大有学问。"几杯美酒下肚，便口无遮拦，说出平时不敢轻易说出口的话。很容易会让人抓住把柄；在酒桌上有过分的举动，则很有可能会伤害到他人。因此，饭桌上，尽量少喝酒或不喝酒，以避免酒后失言。

如果饭桌上有领导，向领导敬酒时，不妨先听听领导怎么说，认真听完再做回应，切不可说些不痛不痒的客套话。当然，最需要注意的是，别在酒劲儿的驱使下说出越界或过分的话，否则会给自己带来更大麻烦。

听到赞美的话要主动回敬

在人们的内心深处，都渴望听到赞美的话，这是自我价值得到肯定带来的心理愉悦感。然而，受到传统低调、内敛等文化习俗的影响，有的人对外界的赞美有一种本能的抗拒。他们不习惯说"谢谢"，甚至对溢美之词加以否定。这种沟通之道令人陷入尴尬，是一种不礼貌的行为。

比如，听到有人说"你的女儿好漂亮啊""你买的包包真新潮""你最近又瘦了"，有的人会这样拒绝："哪里啊，孩子脾气太大了""这个包质量太差劲了""你又骗我，明明又长了2斤"。

人与人的沟通需要真诚的态度，同时也需要恰到好处的赞美。听到外界的赞美，表达真诚的感谢是很有必要的。你完全可以坦然接受对方的溢美之词，然后真诚地回敬对方，这样能有效拉近双方的距离，从而为进一步互动打好基础。

在一次朋友聚会上，马涛遇到了客户公司的代表郭丽，两个人只有一面之缘，并不熟悉。出于客套，郭丽主动称赞马涛："马经理一表人才，和刘德华有些像呢！"马涛听了笑着回答道："我像刘德华？嗯，以前也有人这样说过，谢谢你的谬赞。"

马涛看到郭丽主动套近乎，觉得应当礼尚往来一下。他观察了一会儿郭丽，竟发现对方有些地方长得像林青霞，便说道："我哪有刘德华长得帅啊，反而是你，和林青霞长得有点像！"

郭丽听了非常开心："对呀，被你发现了！其实上高中以来，就有人说我长得像林青霞呢！"就这样，两个人越聊越开心，很快热络起来。不久，马涛和郭丽顺利签下了一笔大单。

美国著名作家马克·吐温曾经说过："仅凭一句赞美的话语就可以活上两个月。"听到来自他人的称赞后，千万不要吝啬自己的赞美。用溢美之词主动回应对方，不仅能让自己变得慷慨大方，也能让对方感受到被尊重的感觉。

美国石油大亨洛克菲勒说："与人相处的能力，如果能像糖和咖啡一样可以买得到的话，我会为这种能力多付一些钱。"许多人不善于处理人情世故，往往认为"拉关系"粗俗、简单，不屑一顾。其实，做人就是谈交情、交朋友，且需要用心经营，不但要与人为善，还要记住他人的善意，并给予积极正面的回馈。

第08章　掌控谈话

没有话语权就会陷于被动

无论是升职加薪、说服领导，还是谈恋爱、劝导他人，在人生一场又一场谈话中，唯有掌握话语权才能让事态朝着我们预期的方向发展。当然，掌握话语权并不意味着以气势压人、暴力沟通，而是遵循特定的说话策略，掌控谈话的进程。

学会倾听，才能找到对策

无论是在人际交往中还是在谈判过程中，最忌讳没有倾听对方的真实意愿便一股脑地说出内心想法。擅长谈话的人不会争口头上的胜负，他们始终明确自己的目标，也尊重对方的利益诉求。他们善于倾听，准确把握对方的一举一动，并做出前瞻性的判断，因此掌握谈话的主动权。进而提出解决问题的方案，并通过彻底的执行达成所愿。

研究发现，语速快慢能够直接体现出说话者的心理状态。语速快的人，大多是急性子，他们说话常常像上战场一样，不仅快而且急促；语速慢的人脾气温和、淡定，哪怕是发生火烧眉毛的大事，也会不紧不慢、不疾不徐。通常，后者更能在平心静气之中掌控大局，占据主动位置。

"到底怎么回事啊，你们的客服热线总是占线？"

"简直无法和你沟通，让你们领导过来接电话。"

"已经拖了半个月了，你们的售后服务太差劲了，能不能上点心啊！"

作为一家空调生产企业的销售人员，姜凯经常接到消费者的投诉电话。通常，对方很少会平静地说话，稍有不满就大发雷霆，甚至进行各种人身攻击。

一开始，姜凯面对消费者气势汹汹的指责很窝火，经常因为无法忍受与对方发生正面冲突，结果反而升级了矛盾。后来，他尝试着换位思考，渐渐理解了消费者的各种诉求，并觉察到自己存在的各种问题。

上例中的姜凯明白了一个事实，当消费者带着情绪提出质疑和抱怨时，商家能做的就是善于倾听，明白对方的利益诉求是什么，然后有针对性地提出解决之道，化解眼前的矛盾和误解。

与他人交谈或谈判时，双方处于动态的心理博弈中。我们总是急切地希望获取结果、实现我方利益最大化，然而却丧失了应有的耐心，不善于倾听对方准确表达自我，结果在分析和判断上出现各种失误。其实，倾听的过程也是不断分析的过程。

比如，在倾听中发现对方语速由慢变快，此时要多加小心。平时说话慢条斯理的人，语速突然加快，通常是受到了某种外界刺激，且刺激多为负面影响。从心理学角度来说，语速变快是情绪激动的表现。人们处在惊喜、发火、愤怒、激动等情绪中，语速往往会不自觉地加快。如果不注意倾听，无视这一变化，没有采取积极有效的对策，往往会错过许多有价值的信息。

此时，如果我们冷静地加以倾听，从对方语速变化中发现征兆并及时安抚人心，往往容易把矛盾和冲突顺利化解。

投石问路：抛出试探性话题

初次见面，最忌讳在交谈中不明就里，胡言乱语。这样做不但无法给他人留下良好的第一印象，还容易把自己暴露给对方，甚至留下把柄，最终陷于被动。

人与人之间的关系总是从陌生开始，而后逐渐熟悉起来，接着因为共同的情绪价值或利益走到一起。因此，高明的交谈策略是从提问开始，消除对方的心理芥蒂，在建立信任的基础上启动命运的齿轮。

一项调查显示，超过80%的人不愿意与陌生人交谈。与不熟悉的人接触，大家警戒心很高，所以讲话都要保留几分。为此，我们需要主动抛出试探性的话题，在有效互动中攻破对方内心深处那道防御壁垒。

日常生活中，中国人之间打招呼通常会问"吃了吗""最近过得怎么样"，这是一种问候方式，也是展开交谈的餐前甜点，在此基础上，往往能建立融洽的沟通氛围。与陌生人刚开始打交道的时候，如果想赢得好感，可以在不断试探中建立信任感。

刘灿参加公司同事的婚宴，由于路程较远迟到了。到达婚宴现场的时候，结婚典礼已经开始，他只好坐到门口的宾客席中，显得有些尴尬。

经过耐心的倾听，刘灿知道这一桌坐的大多数人是新娘的大学同学。刘灿被身边坐着的一位漂亮女孩所吸引，他想主动与对方搭讪，于是给对方倒了一杯饮料，问道："你也是新娘的大学同学？"

女孩接过饮料表达了谢意，然后微笑着说道："我是新娘的高中同学，现在也是同事，彼此都是资深闺蜜了。"

刘灿听后接着说："我是新郎的大学同学，听说新郎、新娘从高中就相恋了，后来考上了同一个城市的大学。我和他们走得很近。"

双方有了初步了解，并对彼此基本认同，刘灿便展开攻势，很快与女孩聊得十分投机。后来，刘灿请新娘从中搭桥，很快与这位漂亮女孩建立了恋爱关系。

从心理学角度分析，人们都有自我保护意识，在内心深处都有排他性，这对双方畅快交流会造成一定障碍，这时，抛出试探性的话题便成为了有效的策略。

试探性的话具有投石问路的作用，在很大程度上决定着我们下一步该说什么、做什么。但需要注意的是，这些试探性的话不能有杀伤力，要有亲和力，不能让对方产生强烈的心理防御而是产生共鸣。

当然，打开对方的心扉，令其说出我们想要的东西，我们还需避免触碰对方的心理禁忌。总之，投石问路的时候务必谨慎，减少出错的概率。

别在错误的时间发言或沉默

在人际交往中，说话要看准时机，否则就容易说错话，陷入被动局面。具体来说就是该说的时候一定要说，不该说的时候需要保持沉默。

孙涛邀请四个朋友到酒店为自己庆祝生日。到了约定的日子，只来了三个朋友。吃饭时，孙涛叹了口气，说道："唉，该来的人没有来！"朋友甲听到这句话，心里暗暗嘀咕："莫非我是那个不该来的人？"想到这里，甲借故去厕所，悄悄溜了。

过了一会儿，孙涛看到甲始终不回来，知道对方中途走了，于是他又叹息道："唉，不该走的走了！"乙听了这句话，感觉很不自在，心想："难道我是该走的那个人吗？"随后，乙借口出去打电话，也溜了。

接连走了两个人，孙涛实在沉不住气了，怒气冲冲地说："真不给我面子，没一个好东西。"朋友丙顿时脸色大变，一气之下也走了。

结果，饭桌前只剩下孙涛孤零零的一个人，而餐桌上摆满了丰盛的饭菜。

在交谈中，不懂得把握时机，会让气氛变得尴尬；如果说错话，即使没有恶意也会遭人误解，恶化双方的关系。同样一句话，因为时机不对，往往会产生不同的效果。

人与人之间的交流，是情感的沟通，更是价值感的传递。有智慧的人懂得满足对方的心理诉求，在交谈中把握说话的节奏，令人获得愉悦的体验。情商低的人自说自话，忽略时机的把握，给人留下不良印象。

别在错误的时间发言或沉默，这一点在职场中尤其重要。比如，汇报工作的时候，你要接受上司的问询，其间必须做到察言观色，确保每句话说到点子上。那么，汇报工作的时候，什么是"错误的时间"呢？比如，当上司说错话的时候，场面往往非常尴尬，其心理状态也比较微妙。此时，如果表露出不恭敬的态度，显然会伤害上司的自尊心，这是职场社交的大忌。当发现上司说错话，立刻添油加醋或者冷嘲热讽，这无疑掉进了社交的陷阱。聪明人理解上司的心理诉求，会主动打圆场，这才是明智之举。

也许有人会说，此时应该保持沉默，多说一句话就增加一分风险。其实，这也不是万全之策。在上司看来，如果你闭口不言，等于默认了眼前的事实，这必然会引起更大的误会。

那么，如何有效摆脱眼前的尴尬，帮助上司圆场呢？

上司说错话，下属最好不动声色，故意表现出无知的一面，这样，有利于上司摆脱窘境。

如果上司犯了低级错误，你可以转移话题，或者自己承担这个责任。比如，你可以说："领导真会开玩笑。"将眼前的错误归结为上司的沟通策略，从而帮助上司走出眼前的困局。

最忌讳掌握话语权时不提要求

话语权即说话的权利。通常，拥有话语权的人德行高、实力强、威望大。在人际关系中，一个人的话语权越大，讲话越有分量，其影响力也越大，从而占据主导地位。

如果一个人没有话语权，无论他提出多高的要求，都不会引起他人重视，这即是人微言轻。但是，拥有话语权时如果不提出合理的要求，则会错失良机，导致个人利益受损。

一家酒厂秉承百年不变的经营宗旨：采购当地生产的高粱酿酒。消费者特别认同这种经营理念，认为这是保证酒品独特口味的重要原因。近年来，供应酒厂高粱的承包商有两家，其中一家供应商卖掉业务，转型从事其他产业，酒厂只能从另一家供应商处采购高粱。

不久，唯一的一家高粱供应商提出涨价。为了不背离百年的经营原则，酒厂只能暂时接受对方的苛刻条件。高粱供应商垄断了高粱供应，酒厂丧失了谈判的筹码。

但酒厂不能坐以待毙。随后，酒厂的厂长找到买下第一家高粱供应商业务的企业谈判，并提议双方合资种植高粱，一起把业务做大。深思熟虑之后，这家企业欣然同意。到了第二年，酒厂参与投资的高粱大获丰收，有效降低了企业的经营成本。

接着，酒厂厂长找到之前那家高粱供应商，商谈新的合作条件。此时，这家供应商已经失去了议价的能力，只能接受了酒厂提出的高粱降价20%的要求。就这样，酒厂把高粱的成本价格成功恢复到以前的水平，打了一个漂亮的翻身仗。

人际沟通是实力的较量和比拼，并且形势始终处于变化之中。一旦我方实力变强大的时候，或者眼前的局势对我方有利，那么，在谈话中，我方便会拥有优先话语权，此时，提出要求或者约束对方，往往容易实现心中所愿。有的人在交谈中不善于把握主动权，或者属于讨好型人格，结果只能是被他人牵着鼻子走，始终处于被动局面。

只要与他人交往，就会永远处于谈判状态。无论是哪种形式的谈话，都需要我们把握好时机，一旦掌握主动权务必果断提出有利于我方的条件。假如处于劣势，则需要默默累积实力，悄悄进行战略布局，等到时机成熟的时候再果断出手，从而掌握主动权，维护我方利益。

当我们站在机会面前，需要正面出击的时候，如果我们不主动展示自己强势的一面，注定会成为弱势的一方。对此，心慈手软的人要学会自我反思，做到果断出击。

聪明人善于给他人戴高帽

卡耐基说："想让这个世界更愉悦轻而易举。为什么？只要对寂寞灰心者说几句真诚的赞赏的话就可以了。虽然你可能明天就忘记了今天说的话，但听众可能视之为生命。"

经验表明，用赞美的方式开始一段对话，就好像牙科医生用麻醉剂麻醉病人一样，虽然病人仍然要忍受钻牙的痛苦，但却大大缓解了病人求医时的心理障碍。

比如，说服他人的时候，先对一个人的优点进行夸赞，之后再指出缺点，这样做对方显然更容易接受。赞美他人，也就是我们常说的给他人戴高帽，这是聪明人屡试不爽的沟通秘诀。

李娜经营着一家广告公司，最近，她正在与上海一家电子产品公司谈判。上海这家公司的负责人是一位非常注重仪表的男士，而李娜特别注重着装和礼仪，每次出席洽谈会议都精心打扮一番，因此赢得了外界的好感。

凭借强大的亲和力与得体的着装，李娜很快与上海电子产品公司的负责人有了深度合作的机会。在上海电子产品公司举办的酒会上，李娜端着酒杯来到这位负责人身边，因为对方名叫"马有方"，李娜仔细斟酌一番后说道："很早就听说马总能力出众，今日一见，果然实至名归。贵公司在您的带领下肯定会大展宏图，正所谓经营有方，岂有不兴旺之理?"

这位负责人听到李娜的这番话，顿时心里乐开了花。在后续的谈判中，双方聊得非常投机，很快签下了合作协议。李娜主动给对方戴高帽子，种下了善缘，最终赢得了合作。

从上例中可以看出，会谈判的人能把话说到对方心里去，手到擒来，马到成功。尤其是在准备成交的最后关头，双方都在进行心理博弈，如果嘴巴能甜一点，给对方戴一顶高帽，对方往往不会开口拒绝。

需要注意的是，在人际交往中，我们要警惕他人给我们戴高帽。有些人为了自己的利益欺上瞒下，表面上说得冠冕堂皇，暗地里却使出阴险的招数，让人防不胜防。给人灌迷魂汤，是他们惯用的伎俩，我们千万不能被这种人迷惑。

给他人戴高帽或者接受对方的高帽，需要把握好下面两点。

（1）戴高帽要适可而止。

戴高帽不宜过高过大，否则容易给人虚假的感觉，遭人嫌弃。表达赞美，说一些恭维的话，需要在客观事实基础上临场发挥。抓住对方的一个优点、成就，适当夸大，以让人听起来不觉得虚假最佳。

（2）别掉进"迷魂汤"编织的陷阱里。

在社交活动中，人们在内心深处不排斥对自己示好的行为，对他人的甜言蜜语不会多加防备。如果不懂得识别对方的险恶用心，我们会很容易掉进对方编织的陷阱，成为他人的猎物。

第09章 礼仪禁忌

有教养的人都遵从社交礼仪常识

社交礼仪是约定俗成的文化范式，体现了人们的家庭教养、心理诉求、处世禁忌。在人际交往中，不懂礼仪就会显得无礼，无法得到他人认可，一切便无从谈起。

交际场合别做扫兴的事

有的人，与别人总是能一见如故；有的人，却无论新交旧识，总是显得落落寡合。一见如故的人，大家当然欢迎他，甚至能让他成为交际场中的重心。落落寡合的人，很少有人愿意和他建立密切的关系。但是无论我们是哪种人，在与人交往中，我们都不要做扫兴的事情。

说多少话，说什么话，不能只根据我们自己的需要而定，而要结合对方的兴趣，比如，谈话的内容有新有旧，有浅有深，有俗有雅，有远有近，会随对方的生活情形而定：对于新人，不讲旧话；对于旧人，不说新话；对于浅人，不讲深义；对于深人，不说俗论；对于俗人，不讲雅事；对于雅人，不说俗情。所说的话，是自己要说的话，也是对方想听的话。说话的目的，不在炫耀自己的长处，而在引起对方的热情。这便是说话之道。

说得对方兴趣淋漓，便可乘机中止，且要留一点余味不尽的感觉。会说话的人，绝不会只和同一个人说话，他们一定能够周旋于大众之间，而且和每个人都有适当的接触，并且他们绝不会用同一种方式与每个人接触，他们的谈话往往涉及各个方面。说话虽涉及方面多，但最忌唠叨不休，使得对方讨厌，所以真正会说话的人，绝不说废话，说的话也不多，而以句句结合对方兴趣为长。

说话是一门艺术，有时候，一句话能让人笑，也能让人跳。所以，沟通的时候要明白哪些话能说，哪些话不能说，要管好自己的嘴巴，不要因为说错了话影响良好的人际关系。

俗话说，"说得越多，错得就越多"。说的话多很容易使人窥探到我们内涵的深浅，这时，我们不如多听别人说话，随时给予对方会心的微笑。凝神倾听时，中间我们可用简洁的语句表达自己的见解，这种方式，比出风头要高明得多。呆板、拘谨、严肃、轻佻、狂放、粗野、鄙夷、卑怯、傲慢等种种态度都是要不得的，这些都会引起对方的不快。若自知自己偏于呆板，就要活泼些，偏于拘谨，就要大方些。

每个交际场都好比一个舞台，我们在其中扮演某一个角色，扮演这一角色的时候，我们要学会照顾他人的兴致，懂得给他人捧场，而不能做一些扫对方兴的事，尽量给别人留下一个好印象，关键时刻才能得到对方的回赠。

请牢记，不说扫兴的话、不做扫兴的事便要学会谨言慎行。

登门拜访最忌讳反客为主

拜访的基本字义是指短时间看望，是指亲自到他人家里或工作单位去拜见某人。拜访通常可分为正式拜访与非正式拜访两种。正式拜访是指有正式的拜访由头，通过事先预约，并且有确定的见面时间和地点，并按时赴约而进行的拜访。非正式拜访常指朋友之间的往来。无论是正式拜访，还是非正式拜访，都应讲究礼仪规则。

要想建立自己的人际关系网络，拜访朋友总是免不了的，它是人际交往中最常见的社交形式。

为使拜访的目的能够顺利地达到，拜访前最好先做好准备工作，包括选择拜访时间、预约拜访时间、准备必要的礼品等。礼貌的语言、优雅的谈吐、得体的举止是对拜访者永恒的要求。

当然，拜访别人的时候一定要注意规矩，要尊重被拜访者，切记千万不能反客为主。

当到达别人家门外的时候，我们一定要敲门，千万不能够擅自闯入，这样才能够体现出我们的教养，才能让被拜访者感受到被尊重。

进入被拜访者家里，我们一定要注意分寸，说话要彬彬有礼，要掌握交谈的技巧，且随机应变。交谈时，除了表达自己的观点外，还要注意倾听，观察对方情绪的变化。如果对方谈兴正浓，交谈时间可适当长些，反之，可短些。对方发表见解，应适当插话或附和。

辞行时，应向主人及在场的客人分别握手。应尽量婉拒主人相送，若对方坚持相送，应见不到他身影后再加快自己的步伐。

俗话说，入乡随俗，客随主便。到了某一地方，我们要尊重那里的风土人情，适应那里的生活习俗，习惯那里的礼仪礼节；拜访朋友时，更要尊重主人的生活习惯。

如果主人没有主动邀请，最好不要到主人客厅以外的其他房间去。做客时要客随主便，千万不要给主人添麻烦。

如果我们是主人，则一定要殷勤备至，主随客便，让客人感到宾至如归。

行为举止不能失了身份

所谓的行为举止，指的是一个人的活动以及在活动中各种身体姿态的总称。主要由躺卧式、屈膝式、直立式及别的一些辅助性姿势与活动构成。人通过身体各种姿势的变化来完成各项活动，以此反映人所特有的形体魅力。

在人际关系中，一个人长相好，善于打扮，会给人留下良好的印象。但是，如果这个人举止粗野，即使长相漂亮，再会穿衣打扮，也不会赢得人们的好感。

"站有站相，坐有坐相"，古人已经对人的行为举止做过要求，我国古人提出了"站如松、坐如钟、行如风"的审美要求。正确而优雅的举止，可以使人显得有风度、有修养，给人以美好的印象；反之，会显得不雅而失礼。

行为举止，是一个人精神面貌的体现，是一个人自身素养在生活和行为方面的反映。假如一个人能随时随地把端庄的仪表表现在他人面前，这说明他已经养成了良好的行为习惯。

爱默生曾说："优美的身姿胜过美丽的容貌，而优雅的举止又胜过优美的身姿。优雅的举止是最好的艺术，它比任何绘画和雕塑作品更让人心旷神怡。"良好而优雅的行为举止是文明礼仪的要求，不仅体现了内在涵养的深厚，更是对他人的尊重。它直接关系到一个人的成败。

米德尔顿大主教告诫人们："高贵的品质一旦与不雅的举止纠缠在一起，也会让人厌倦。"可见，行为举止直接影响到人际沟通的成败。

在人际关系中，我们一定要注重自己的行为举止，要与自己的身份相符合，这样才能够赢得他人的尊重。

行为举止能够为一个人的人际关系加分，能够为我们带来许多好处。

握手看似简单，却大有学问

人间处处有学问，握手也不例外。谨记其中的细节，才能避免给别人留下不好的印象。

握手可以表达欢迎、友好、祝贺、感谢、敬重、致歉、慰问、惜别等各种感情。聚散忧喜皆握手，此时无声胜有声。能在各种场合轻松自如地与人握手，是现代社会中每个人都应学会的社交礼仪。

握手是一种公认的见面礼节，但在有些情况下，如果不懂得握手的学问，很可能闹出笑话，或者使对方处于尴尬境地。有些人和朋友见面握手时，总不大讲究，或者是随随便便，或者是过于冒失。这是一种失仪的行为，会给人留下不好的印象。

握手动作的主动与被动、力量的大小、时间的长短、身体的俯仰、面部的表情以及视线的方向，往往表现出握手人对另一方的不同礼遇和态度，也能窥测对方的心理奥秘。因而握手是大有讲究的。

（1）握手时，如果握得太紧，力度太大，时间又长，会使人觉得不自然。老朋友久别重逢时，长时间紧紧地握住对方的手，是合情合理的。

（2）如果只用手指轻轻碰对方，则显得太敷衍了事或态度冷淡，也是缺乏礼貌的表现。在美国、日本等国家，轻轻无力的握手常被人理解为没有诚意。

（3）与多人同时握手时，不要交叉，待别人握完再行动。

（4）男士在握手前要摘掉手套，与女士握手时最好摘掉帽子。

（5）在面对长辈时，要起立握手，面对晚辈可以不必起立。

在人际交往中，人们见面握手时，到底谁先"出手"呢？

严格来讲，应根据握手人双方的社会地位、年龄、性别和宾主身份来确定，一般遵循"尊者决定"的原则。在握手时，应面带微笑，目视对方；右手把手掌伸开，四指并拢，握住对方的手；握手时的轻重与松紧，要根据情况而定，不轻不重，让对方觉得贴着手就可以了。

握手不仅是联络友谊的手段，还可以传递我们的感情，而且从握手的姿势中可透露双方的心态及性格特点。主动、热情、适时地握手不仅会增加双方的亲切感，还会使人际沟通更加顺畅。

概括起来，握手的动作，握手的时间，握手的力度，都是大有讲究的。

掌握与人握手的技巧，我们才能够在人际交往中有效应对各种场面。

别输在不懂"礼尚往来"上

中国自古就是礼仪之邦，注重礼尚往来。朋友之间互相送些礼物，是人际交往的一项重要内容。在建立人际关系的过程中，尽管礼尚往来是原则，但最重要的学问在"送"字上。礼物只有送得好，送得巧，我们才能够在人际交往中赢得话语权。

中国人比较讲究面子，别人带来东西你却不收，会觉得你不给面子。随后，你再让他拎回去，更是驳了对方的面子。怎么办？别人是一番诚意，盛情难却，你可以暂时收下，待日后回访时再带上一份更重的礼物。这样来来往往，谁也不欠谁的，朋友之间的联系才会越来越密切。

其实，送礼是一件很简单的事情。我们为何要送礼呢？要么是求人办事，要么就是沟通感情，为以后的需要做好准备。但是送礼的时候，我们需要注意以下几点。

首先，要选择好送礼的时间。送礼时间对送礼效果会产生极其重要的影响，特定节日就需送相应的礼品，收礼人是办婚礼还是举办生日宴会，你需针对不同的情况送上相应的礼品。如能送礼得当，你就容易达成所愿。

其次，送礼物要把握时机，注意场合。同样的礼物在不同的时间、不同的场合里所体现出来的价值是不一样的，送礼物选准时机，才能够达到预期的效果。

最后，我们要走出礼越重表达的情谊越深的误区。有人认为，礼越重表达的情谊越深，实则不然；还有的人认为"礼多不嫌"……这些问题其实都是对送礼的误解。礼物的意义在于，它传递的是一种敬意和问候，是将自己想与对方交好的意愿表达出来。正所谓"礼轻情意重"，所以送礼的重点是心意，心到是目的，而送礼只是方式和手段。

我们要记住，任何事情都要有个度。在人际关系中，朋友互帮互助，讲究礼尚往来是对的，但不要超过某种度，否则会适得其反。

总之，我们要认识到礼尚往来的重要性，认识到朋友之间互相送些礼物，讲究礼尚往来，是维持友谊的重要手段，也是人际交往中不可或缺的一种方式。但要牢记，无论礼物贵重与否，心意到了才是最重要的。

第 10 章　祸从口出

信口开河会出娄子、惹乱子

饭不能乱吃，话不能乱讲。说错话，意味着麻烦来了——往小了说，你与他人会产生误解、发生矛盾，引发争执；往大了说，你会造成工作失误、承受严重损失，甚至引祸上身。管好自己的嘴巴，是成年人应有的素养，也是在社交中避坑的自救之法。

喝醉酒意味着说错话

俗话说得好，"桌上三杯酒，事后两行泪"。因为喝醉酒而误事的情形屡见不鲜。

今天，酒在人们的生活中扮演着不可或缺的角色，很多时候它是情感的润滑剂。当双方还很生疏的时候，往往三杯酒下肚就可以侃侃而谈。这的确是酒功不可没的一面。有些时候，想要办事，不会喝酒不行。场面上的事情，你必须应付到位，对方认为你够朋友，那么事情就好办了。

但是，喝酒误事确实也是一个不争的事实。这提醒人们喝酒也要适量，千万不能喝醉。俗话说，"酒后吐真言"，贪杯之后说的话或许是一句不经意的"醉话"，可对于一些有心人来说，这就是你在他们手中的一个把柄。酒醒之后，你或许会忘记自己说过的话，但是对方可不会忘记。这时你就会后悔自己的这种举动了。比如，有些酒品不好的人，在喝醉酒的时候会大肆批评自己的上司。没有不透风的墙，这些"醉话"一旦传到上司的耳朵里，最容易引起麻烦。结果可想而知，酒后说错话对我们来说没有一点儿好处。

很多人喝完酒之后总是唠唠叨叨地抱怨，有的时候甚至打架闹事……这说明此人的酒品不行。酒醒了之后，又对自己这种举动后悔不已。这些一喝了酒就胡闹的家伙，他们的自制力已经完全被酒精麻痹了，等到酒精的作用退去了之后，根本就不记得自己说过或是做过什么。而酒品好的人，虽然喝得酩酊大醉，可未必跟你一样醉得一塌糊涂，这才值得称道。

如果你想把酒作为交际工具，让它在密切双方关系中扮演重要角色，那么你必须具备千杯不醉的本事，以及好的酒品。酒，可以喝一点，但是别因酒误事，这才是关键。

（1）避免喝醉酒。

喝醉酒之后说的话往往是大脑被酒精麻痹了之后说出来的，这种行为很难控制，而我们能做的就是在根源上控制这种事情的发生，让自己避免喝醉，以免酒后说胡话。

（2）培养好酒品。

我们如果想在社交上占据优势，培养好酒品是必不可少的。学会在醉后控制自己的行为，努力保持理智，这样才能办成事，才能减少犯错的机会。

话说得太满会自断退路

"话不说满，给自己留下回旋的余地"，在与人沟通时，让对方没有台阶下是一种短视行为。同时，话不说满也表现在不要对他人过早下评断，像"这个人一辈子没出息""这个人完蛋了"之类的话。在与人交往中，要多用不确定的词，要么是"可能""也许"这一类的词，要么含糊其词，以便一旦有变故，可以有回旋的余地。

用不确定的词句可以降低人们的期望值，你若不能顺利地做成某件事情，人们因对你期望不高，最后总能谅解，而不会产生不满。有的时候他们还会因为看到你的努力而不会全部抹杀你的成绩。如果你能出色地完成任务，他们往往喜出望外，这种增值的喜悦会给你带来很多益处。

而把话说得太满往往会让我们陷入窘境，使自己处在一个非常尴尬的境地。现实生活中，虽然把话说满会对沟通起到一定的作用，但是要注意说话方式，要注意给人留台阶，给对方留足面子，同时也给自己留条后路。生活中，很多尴尬是由自己一手造成的，其中，有一些就是因为话说得太绝。凡事多些考虑，留有余地，等于给自己留条后路。

徐丽和李婷是大学同学，毕业后进入同一家公司，在大家眼里是关系亲密的好姐妹。然而，她们因为一件小事心生隔阂，关系开始变得尴尬起来。

这一年，徐丽的女儿要上初中了。为了让孩子上一所好的中学，她四处奔波，但是一直没有如愿。后来与李婷闲聊，徐丽抱怨现在孩子上学太难了。随后，李婷主动请缨，愿意托人帮忙解决这个难题。

看到李婷说话坚定的样子，徐丽确信无疑，一时间大喜过望。转眼到了开学的日子，徐丽多次催问事情的进展，李婷多次许诺万无一失，但是终究没把事情办成。最后，孩子只上了一所普通中学，这令徐丽十分恼火。

李婷不应该把话说得太满，以至于徐丽把所有的希望都押在了她身上。最终事情没办好，的确让人很郁闷。

由此可见，说话太绝对会让自己失去退路，没有回旋的余地，给自己带来麻烦。

"水满则溢，月盈则亏。"如果一个杯子里装满了水，那么就无法容下一滴多余的水；当月亮圆了之后，就会开始出现缺口。情商高的人自然懂得这个道理，所以他们说话总是留有余地，不说太绝对的话。

从人际关系学的角度分析，人人都讨厌空话、大话连篇的人，他们吹得天花乱坠，实际行动却不见几分，难免让人觉得华而不实、难以信任。不如低调一点，做的比说的多，多干活儿少说话，用实际行动证明自己的价值。说话圆滑一点，保留一些空间，不要得罪人，也不要让自己陷入困境。

"话不要说满，事不要做绝。"在人际交往中，事情做绝，不留余地，不给别人机会，不宽容别人，处理事情下狠手，都是不理智的行为。无论矛盾有多深，最好都不要说出"势不两立"之类的话，否则，日后万一有合作的机会，一定会左右为难，尴尬万分。时时处处留有余地是人际关系中的大智慧，进可攻，退可守，这才是成功的沟通之道。

即便我们有绝对把握，也不能把话说得太绝对了，因为任何人都避免不了一些意外的发生，我们需要给自己留后路，这样才不会让自己陷入尴尬的境地。

而且，在与人交往时，面对别人的请求，我们要学会适当接受和应允。但是，答应别人请求的时候也要注意自己说话的方式，注意不要把话说得太满，避免出现"保证"这样的字样。唯有如此，即使你答应别人的事情没有做到，也不会招致太大麻烦。

有话直说未必是好事

会说话，对于一个人的发展具有非常重要的作用。一人之辩，重于九鼎之宝；三寸之舌，强于百万之师。古有战国苏秦游说列国不辱使命，三国孔明力排众议舌战群儒，今有商业谈判改写一个地区的经济发展航向。

在现实生活中，口才的重要性怎么强调都不过分。对每个人来说，说话要注意分寸。比如领导者身居要职，在什么时候该说什么，在什么时候绝不能说什么，都是大有学问的，而其中一个关键原则是"不能有话直说"。

想说什么就说什么在那一时固然很痛快，一吐为快之后虽然发泄了情绪，但是后果往往难以收拾。想到什么就随口说出来，不懂得深思熟虑，也不会采用策略性说话方式，这是很多人的通病，对于领导者来说则是说话的大忌。因为领导者要懂得识大体、顾大局，要注意说话的分寸，才能够在工作中纲举目张，才能够得到别人的信服。

其实，"直言直语"在人性中是一种很可爱、很值得大家珍惜的特质，因为也唯有这种直言直语的人，才能让是非得以分明，让正义邪恶得以分明，让美和丑得以分明，让人的优缺点得以分明。但很多情况下，尤其对于高阶层的人来说，说话时切忌直来直往。

对领导者来说，说得太直白，言辞之间完全没有弹性，最后可能会无路可退。尤其在某些关键时刻、关键事情上，领导人有话直说，往往后果不堪设想，因为身居要职的人往往牵扯到复杂的利益和关系，他们一旦说错话，就会陷入无法挽回的境地。为此，领导者说话一般都很委婉，并且说的话都能够经得起推敲，能够接受时间的考验。

当年，宋太祖赵匡胤即位后，手握重兵的两个节度使起兵造反，后来费尽力气才平定下来。这让赵匡胤意识到问题的严重性，于是找到宰相赵普商量对策，决定削弱地方的兵权。过了几天，赵匡胤在宫里举行宴会，石守信、王审琦等几位老将都来了。

酒过三巡，大家开始无话不谈。

赵匡胤说："在座各位都是有功之臣，没有大家的帮助，我不会有今天的地位。但是我最近睡不着，做皇帝也有许多苦衷，有时候还不如你们自在。"听到这里，大家知道赵匡胤话里有话，急忙询问其中的缘由。

赵匡胤平静地说："人站在高处确实战战兢兢，我现在深有体会，甚至感觉到了一丝寒意。"

石守信等人立刻明白赵匡胤是担心有人篡夺皇位，顿时变得紧张不安。大家面面相觑，急忙跪倒在地上："现在天下已经安定了，没有人对陛下有二心啊！"

但是，赵匡胤并不以为然，接着说："你们和我南征北战，我自然信得过。但是如果你们的部下为了攫取高位，把黄袍披在你们身上，会出现什么情况呢？"

石守信等人听完大惊失色，连忙说："我们愚蠢，没有过多考虑，请陛下给指条明路吧。"

于是，赵匡胤让这些重臣们出京担任地方官，为他们添置了足够的产业安度晚年，最终消除了重臣手中的兵权。

显然，宋太祖没有采取军事行动消除将帅手中的权力，而是在酒宴上与大家沟通，通过隐晦的方式表达出自己的意图，而没有直说便使大家知难而退。

对普通人来说，也应该尽量避免有话直说。每个人都渴望得到夸奖，厌恶被批评。如果一个人做了好事，你直接夸他，他必然是高兴的。但如果一个人做了错事，你直接批评他，他会感到自己受到了侮辱，并且会怨恨你。所以，在人际交往中有效沟通，要避免有话直说，学会委婉地表达自己的看法，才能避免得罪别人。经验表明，直言直语会伤害到别人，也会损害到自己，所以，无论是对人还是对事，我们都要学会委婉表达的技能，这样才能有效处理各种关系。

委婉的表达意味着要学着用"绕弯子"的方法把话引出来。学会绕着弯子说话必须把握时机，讲究沟通策略，并且因人而异，从而达到曲径通幽的效果。

面对敏感话题要学会闭嘴

并不是所有的话题在任何时间、任何地点都适合拿来公开谈论，因此，要想在社交场合中建立起良好的口碑，赢得好人缘，必须懂得在谈话时避开敏感话题。

每个人对于敏感话题的界定是不一样的，但都不外乎隐私性和争议性这两类。聪明人善于在谈话中尽量避开敏感话题，以免引起对方反感。

首先，我们要做到别把自己的隐私拿出来大谈特谈，也不要去询问别人的隐私。虽然在与别人交流时，适当的自我暴露会拉近双方的距离，但是一味地谈论自己容易引起反感，所以要把握好这个度。在谈话的过程中，不要询问别人的隐私，因为如果对方想说，自然会说，如果追着询问，很有可能引起对方的厌恶和反感。

其次，不要提起别人的伤心事，不要和对方提起他所受到的伤害。经验表明，这很有可能是他不愿意提及的过往，如果你贸然提及，对方很可能陷入一种难受尴尬的境地，这对于双方来说，都不是一件好事。

最后，我们要学会让有争议性的话题消失。在和其他人交流时，除非你很清楚对方的立场，否则应避免谈到具有争议性的敏感话题，如宗教、政治、党派等话题很可能会引起双方对立僵持的局面。

很多人都认为谈论一些敏感话题是幽默的表现，但如果不是幽默，请终止。幽默是我们所提倡的，然而并非每个人都懂幽默。如果你的幽默言语经常让别人捧腹开怀，那么请继续，可如果你的幽默会让别人铁青着脸离开，那么最好放弃。

我们还要学会避免谈论别人的隐私，因为在对方不知情的情况下谈论其隐私是非常不礼貌的行为。在人际交往中，我们要注意自己的言行，适时约束自己，学会闭嘴。

当然，对敏感话题闭嘴首先要清楚什么是敏感话题。只有学会辨认什么是敏感话题，在与他人沟通时，才能够知道什么时候该说话，什么时候该闭嘴，在人际交往中才能避免陷入尴尬的境地。

总而言之，面对敏感话题时要学会闭嘴、学会识趣是一个人成熟的表现，也是人际交往的规则。不让敏感话题引起误解和麻烦，才能避开社交的陷阱。

话说多了会暴露个人秘密

多嘴多舌是一个令人讨厌的坏习惯。可有人偏偏就爱多嘴多舌，脑蠢嘴快地把自己摆到他人面前。多嘴多舌，有时与我们的身份不符，有时与环境不符，有时会泄露重要的机密。这样不仅让当事人和旁观者生厌，而且还有很多潜在的危害。此外，多嘴容易暴露你的心迹和弱点，让人知道你在想什么，要做什么，这样对方就会有的放矢，对症下药，专攻你的短处。在人际交往中，聪明人从不多嘴多舌，而是懂得保守自己的秘密。

作为一家汽车公司的金牌销售员，魏然刚入行时业绩乏善可陈，甚至可以用惨不忍睹来形容。"我从小到大，话特别多，不少人都说我非常适合做销售，于是就来到了现在这家公司。起初拜访客户，每次都长篇大论，虽然我说得很精彩，但是客户往往无动于衷，被拒绝是常有的事。有一天我突然意识到，能说不等于会说。"

为了突破工作上的困境，魏然专门向销售主管请教。"光听你说了，客户都没发表任何意见，这样肯定不行。想办法让客户多说，比如提问、话题引导、鼓励对方开口等，你要少说多听。只有这样，才能'刺探'出客户的需求，才好对症下药，最终成交。"

销售主管的一番话让魏然顿悟了。此后，他改变了以往"一直说"的独角戏推销方式，采用"一问二探三鼓励"的客户拜访方式，很快提升了销售业绩。现在，他比任何人都懂得如何与客户交谈。

的确，坦诚是人际交往中的美好品格之一。人需要交流，需要友情，没有人会愿意与一个从不袒露自己的内心世界，并对任何问题都不明确表态的高深莫测的人交往。所以，在人际交往中，很多人常常把自己的秘密毫无保留地袒露出来，有时如果没把自己的心事完完全全地告诉问及的人，甚至还会感到不安，认为自己没有以诚待人。很显然，这种人在如何对待自己的秘密和如何对待坦诚这些问题上存在着错误的认识。

在此，我们需要对坦诚有一个正确的理解。坦诚并不意味着别人要把内心世界的一切都暴露给你，也并不意味着你要把自己内心世界的一切都暴露给别人。因为每个人都有秘密，这是正常的。

当然，过于封闭自己对我们的身心也是不利的，因为找人倾吐衷肠是人之常情。这种倾吐，有时是为了寻求帮助，请对方出主意；有时则只是渴望找人诉说心事。问题在于你应该找准值得信赖的倾吐对象，并且要保证这个倾听对象不会把你的心事泄露出去。因为倾吐的目的是驱除孤独，但如果向错误的人倾吐了心事，其结果会适得其反，你会因为遭到自己信赖的人的嘲弄和背叛而感到绝望。所以，你有必要在平时就找到关键时刻能替自己分担烦恼的挚友，以免在需要找人倾诉时无处宣泄。

当然，如果你能忍受住寂寞是再好不过了。

当对于自己的某种想法、某件事情，你认为有必要保密时，你要学会耐得住寂寞。少说话，不向别人吐露，这样才能保守住这个秘密。

　　而且，言多必失，行多必过。真正成熟的人懂得聆听，懂得适时闭嘴。沟通本身就是一个交流的过程，一方要清楚无误地表达意见，也要让另一方有说话的机会。该闭嘴的时候就停下来，让对方表达意见、提出观点，这是与人对话应有的修养。

第三篇

摆脱关系的陷阱

没有人忽视关系的重要性。许多时候，关系摆在那里，你稍微努力一下就过去了；关系不够，你再努力也无济于事。维系良好的人际关系，需要拥有边界意识、变通思维，知晓人心难测、因果定律，从而在一段关系中摆正自己的位置、保护好我方的利益。

第11章　边界意识

人与人走得太近是一场灾难

与人融洽相处，是一个永恒的难题。离得太远，关系就淡了；靠得太近，恩怨就来了。在所有关系中，要学会保持适当距离，任何时候都别越界。恋人之间，太近生厌；朋友之间，太近扎人。请牢记，不要高估你和任何人的关系。

与人相处要保持边界感

我们生活在一个人际关系日益复杂的时代，人与人之间如何相处，成为摆在每个人面前的一个重要问题。每天我们都要和不同的人打交道，相处成为一种生存哲学。常言道，距离产生美。这种美不仅适用于情侣之间，也适用于和我们相处的每一个人。

众所周知，刺猬是动物界一种非常特别的动物，想要抱团取暖对它们来说比较困难。刺骨的冬天，十几只刺猬冻得瑟瑟发抖，为了抵抗寒风，它们只能依靠对方的体温获得热量，于是它们紧紧地依靠在一起。但是它们却忍耐不了彼此身上的长刺，结果只能各自离去，寻找可能躲避寒冷的场所。

可是谁也无法抵抗刺骨的寒风，冰冷的天气让刺猬瑟瑟发抖，它们又想待在一起取暖，可是担心被扎到又不得不分开。就这样反反复复，在一起又分开，分开又在一起，不得不在挨冻与取暖之间找到一个平衡点。故事的最后，刺猬终于找到了一个适度的距离，既不会相互伤害也能够抵抗寒冷。

生活中，我们每个人何尝不是一只刺猬呢？每个人都或多或少需要一些刺来保护自己。因此，无论在生活中，还是在职场中，不要和他人走得太过亲近。但是人与人之间是需要互相帮助的，人必须融入社会这个大集体，才能使得自己的人生变得更有意义。所以，人和人之间，既不要走得太过亲近，也不能太过疏远。保持合适的距离，才是处理人际关系的最佳选择。

小李是公司里的销售骨干，曾拿过公司的销售大奖，深受领导的重视。不仅如此，小李为人热情大方，性格外向，情商极高，因此和公司的经理成为相谈甚欢的朋友。经理不仅给予小李很大的支持，帮助她解决职场生活中遇到的难题，而且两人平时私下里经常约在一起喝下午茶，逛街。

第二年，小李因为出色的业务能力被提拔为销售部主管。此后，由于要花费一些精力和时间在团队管理上，小李的销售业绩相比上年度有所下降。这引起了很多同事的不满，很多人私下里发起了牢骚。

一天周末，小李和经理一起喝下午茶，听到隔壁房间的同事们说："小李不如从前了吧！以前她是我们的销售冠军，现在她的业务能力大打折扣，这还不是经理用人的问题吗？"紧接着，又有同事说道："小李本身就不擅长做管理，也许是经理觉得小李和他志趣相投，两个人聊得来，看在她平时人还不错的份上，安排了这么个差事吧！"另一位同事说："原来如此，这么看来，小李这人也不怎么样嘛！"小李和经理顿时不知该说什么好，也没有了吃饭的心情。

小李的故事告诉我们，每个人是靠自己日复一日的努力和辛苦才有了今天的成绩，但是如果你和上司没有保持合适的距离，就会被认为是靠不正当手段才获得现在的成就，带给你的只有无限的懊恼。

那么，究竟我们该如何去做，才能保持适当的距离呢？保持适当的分寸，保持合适的距离，既要做到他人需要你时不离不弃，也要做到他人不需要你时选择适当隐身。你要明白自己的身份，做到宠辱不惊，给对方留够自由呼吸的空间，同时不让你们之间的距离太过疏远。

具体来说，我们可以从以下几个方面着手去做。

（1）保持适当的距离，不要和任何人频繁地开玩笑，否则，你很可能会触碰他人的底线，但是不要让他人觉得你是个没有边界感的人。

（2）职场就是职场，生活就是生活。不要把生活中过多的事情带到职场中。如果同事总是需要你帮忙做一些私事，你要学会自我判断，学会果断拒绝。

（3）不要对任何人都推心置腹，将自己毫无保留地暴露在他人面前。你要清楚，当别人知道你全部的隐私之后，那么对他人而言你已经是一个没有边界感的人了。

太近的距离容易产生刺痛，太过亲密的关系会带来诸多负面影响，把握好交往的尺度，才是明智的处世之道。

关系再亲近也要注意分寸

每做一件事情之前，你是否想过自己有没有过火的举动，是否超过了对方所能容忍的底线。你是否想过再亲近的关系也需要注意最起码的分寸？无论处于何时何地，无论你与何人交往，哪怕是最亲密的关系，做任何事情都需要把握适当的度，掌握一定的分寸。只有摆正自己的位置，才能获得他人的认可。

也许你会说："我做了没有分寸的事情，但是他仍然给到了我最起码的尊重。"但是你要明白，这并不意味着他可以容忍你的过失乃至过错。所以，待人首先要保持人与人之间最起码的礼貌，不侵犯他人的隐私，不触碰他人的底线，不能做的事情坚决不做，不该打听的事情坚决不问，这样才能获得他人积极的评价，避免为自己带来麻烦。

"唯有恰如其分的感情，才最容易为人们所接受、所珍惜"，这是思想家蒙田对人际关系的精确认知。人与人之间的关系或远或近，相处得好了便会成为彼此的挚友，反之则会形同陌路。其实，只有恰到好处的交往尺度，才能够使彼此之间的关系更为密切，才能让双方有舒适的相处空间。相反，如果不能把握相处的分寸，再亲近的人也难免渐行渐远。

分寸，是一个极其微妙的词汇。一段长久稳定的关系中，默契和恪守边界极为重要。倘若在与他人交往的过程中全然不顾分寸，无意中触碰到他人的底线，那必然会给这段关系带来无法修复的裂痕。

电视剧《幸福到万家》中的王庆来，自从农村进入城市就想找一份体面的工作，在无意中得知弟弟未来的岳父是单位的领导后，便全然不顾，拿着礼物到弟弟岳父上班的单位请求帮忙。后来，王庆来如愿以偿地得到了一份工作，但是又经常埋怨他人，觉得对方没有在外人面前留给自己足够的面子，于是他选择恩将仇报，在恩人的同乡面前让其难堪。

王庆来是无数小人物的缩影，其一次又一次不顾分寸的越界行为，不仅给大众留下了不知好歹、恩将仇报的印象，也影响了弟弟和未来岳父的相处。看似只是理所当然地请求他人帮忙，其实是无底线的索取，丝毫不顾及他人的感受，最终也给自己带来诸多不利的影响。

也许你经常听到有人说："我骂你，也是为了你好。"但是你是否想过，在你看来满满的好意，若是被他人理解为贬低之意，乃至恶语相向，结果又会如何？人生一世短短几十年，无论是对家人、爱人、亲人、朋友，抑或是擦肩而过的陌生人，都要注意分寸，一些贬低的话尽量不要说。

小丽和母亲的关系从小就很差，水火不相容。她从小听得最多的话就是"你看看你堂姐多乖巧可爱，再看看你，什么时候能让妈妈省点心，像堂姐一样成绩优秀"。

有一次，母亲又说小丽不认真学习，无法取得像堂姐一样的良好成绩，母女俩的矛盾再次爆发。

实际上，母亲之所以夸奖堂姐，是为了鼓励孩子，让小丽变得更好。

但是，对于幼小的孩子而言，只知道母亲在责骂她，承受了母亲贬低带来的痛苦，难以和母亲正常地相处。

其实，关系再亲密也要注意适当的分寸和距离。在任何关系中，失去分寸感等于丢了规矩，自然麻烦不断。

不贬低、不触碰他人的底线。营造舒适的相处氛围，才能妥善处理好人际关系，在人际交往中成为赢家。

聪明人不被哥们义气绑架

经常听到有人说，"有难同当，有福同享""朋友之间，不分你我""有求必应，绝不含糊"。在这些人看来，这是他们结交朋友非常重要的信条，哥们儿义气重于一切。然而，所谓的哥们儿义气并非英雄气概乃至侠义精神的体现，更不是大仁大义的彰显，在某种程度上，哥们儿义气也会害了自己。

所以，千万不要觉得哥们儿义气在任何时候会帮助自己渡过难关，这种看似有福同享的人际关系实际上是一种狭隘的、落后的小团体意识，与当前我们推崇的"互相关心、互相帮助、互相爱护"的新型人际关系是格格不入的。

中国人向来都把义气看得非常重，一些人喜欢与他人称兄道弟，沉醉于哥们儿义气之中，依照武侠小说里拜把子的朋友关系来相处，并认为这样的关系才是真正的友情。但是我们都不是水浒传里面的鲁智深。

鲁智深其实最害怕形单影只的生活，特别喜欢串门聊天。每次碰到史进，两个人总是二话不说不醉不归，在二龙山待腻了就去清风山做客。自从和林冲结拜为兄弟后，鲁智深发现林冲生闷气，没有把自己当成真正的兄弟，便带着酒壶到林冲家门口喝闷酒。每天喝酒，直到林冲气消，二人建立了坚实的友谊。当林冲不幸被刺配以后，鲁智深一路跟到野猪林救林冲，这是纯粹的兄弟义气。

但是，我们并非小说里面的主人公，如果由着所谓的哥们儿义气行事，很可能会走上违法犯罪的道路。

张某、钱某、李某等四人，因家庭原因很早便辍学打工，相似的成长背景让四个人走到一起。

一天晚上，张某去饭店接一位很久未见的朋友。这时候，朋友圈里的一位大哥叫张某吃饭，因为要接朋友，张某不得不拒绝了大哥的邀请。这位大哥认为张某不给面子，便让手下的小弟刘某将张某揍了一顿。张某觉得自己无缘无故被打，实在是咽不下这口气，认为以后自己无法在社会上混，于是便怂恿兄弟们一起去讨个说法。

第二天凌晨，张某打探到刘某的消息，便叫上李某等人，带上柴刀、钢管等工具将刘某堵在一个无人的小胡同，准备将其暴揍一顿。只听见"嘭"的一声，李某等人将刘某打倒在地，四人喊着"敢欺负我兄弟"，将刘某按在地下乱打。直到警笛声响起，四人才落荒而逃。但是，可想而知，他们又怎能逃脱呢？等待他们的是法律的制裁。

四人因为相同的成长经历聚到一起，本应建立牢固的友谊，却因为哥们儿义气和冲动给自己的人生抹上了污点，最后得到了应有的惩罚。试想，如果他们中的一个人能有效引导张某做出正确的判断，那又会是另一种结果。

友谊本应该是人与人之间一种真正的情感，是一种高尚的情操。好的友谊能帮助你赢得朋友，解决生活中遇到的困难和麻烦。当遇到困难和危险时，朋友会给予无私的帮助，如果有了烦恼和苦闷，可以找到好朋友倾诉，而不是选择极端的方式。

所谓的哥们义气充满了太多的不确定性和危险性，人与人之间的关系应该是有原则，有界限的，最起码，我们不能违反法律和社会公序良俗。从某种程度上来说，哥们义气无视道德和法律的约束，很容易把我们带入万丈深渊。任何所谓的义气都应该要讲原则，如果我们不顾后果、不负责任地迎合朋友的任何不正当需求，那并非真正的朋友，也谈不上所谓真正的义气。

所以我们要学会理智处世。清楚地判断什么是朋友，什么是义气，学会建立良好的人际关系，获得真正的朋友。并珍惜身边的人和事，珍惜良好的友谊，与哥们义气说再见，帮助他人排忧解难，而不是胡乱作为，超越道德和法律的约束。

合伙做事要慎之又慎

常言道，关系再好，就算是亲密无间的挚友也不能合伙做事。因为，合伙做事有诸多不可控的因素，如果最终成功了，对大家来说都是一件好事，但如果失败了，可能你们之间连最起码的朋友都做不成。

电影《中国合伙人》中有这样一段剧情。佟大为饰演的王阳说："千万别跟丈母娘打麻将，千万别跟想法比你多的女人上床，千万别跟最好的朋友合伙开公司。"毕竟，王阳也遭遇过合伙所带来的伤害，这些话可谓肺腑之言。

故事的主人公成东青、王阳、孟晓骏有着不一样的人生，却又有着相同的际遇，经过重重坎坷和阻碍，三人终于开办了"新梦想"学校。成功的背后是不懈的努力和付出，三人凭借个人的魅力，包括成东青自嘲式幽默教学法，孟晓骏的美国经验和签证技巧，以及王阳的创新电影教学，让新梦想走上了巅峰。

然而，所有的一切都并非一帆风顺。新梦想的规模进一步扩大，成东青也被媒体和广大向往海外留学的青年塑造成为留学教父，他由最初貌似土鳖的形象到最后带着成功人士的光彩，让孟晓骏感到了一丝不屑，二人的关系也逐渐微妙，夹在中间的王阳更是左右为难。

孟晓骏之后远走沈阳，三人的关系也面临着重重考验。然而，伴随着时代的发展和进步，机缘巧合下，三人重新凝聚在一起，等待他们的是如何慎之又慎，处理好彼此之间的关系，一起共同面对并解决新梦想的困境。

实际上，朋友之间的相处之道与合伙做事的理念截然不同，如果把处理朋友关系的方法和原则运用到创业中，那么，结果只会伤人伤己。最简单的道理，朋友之间要相互扶持，相互理解，不求回报；而合伙做事，生意经营，讲求的是规则有序，赏罚有别，分利合理，上下协调。而这个规则抛弃了所谓的情谊，是每个合伙人必须遵守的。

再者，生意经营，讲求赏罚有道，突出实干和能力，有业绩、有贡献，方能创造应有的价值，获得最大的利润，否则双方苦心经营得来的结果只能因为无法实现利益价值最大化无疾而终。

对他人而言，摆明道理，拿出规则，再辅以适当的人文关怀和言语乃至物质上的激励可以发挥他人的最大价值，让其为公司效力。但是对朋友而言，如何不伤害彼此之间的感情，又能为公司创造更大的价值是一个难题。所以，合伙做事要慎之又慎。

但如果合伙成了必然的选择，我们该如何处理呢？

（1）签订合伙契约，明确彼此之间的权利与义务，包括职位的分配，酬劳的分配等，避免之后因分利不均引起矛盾和冲突。

（2）对合伙人有相当的了解，小到行为习惯，大到能力个性，尽量避免不利于合伙事业的情况发生，避免产生不必要的分歧。

（3）既要慎重，也要彼此坦诚和信任。相信大家能共同创造价值，也要考虑各种潜在的挑战和风险，这样才能有备无患。

不要挡着别人的财路

人为财死，鸟为食亡。人生在世，我们一直在为钱财而奔波，为了谋生，抑或为了让自己和家人过上更好的生活。在这个物质极为丰富的时代，只要我们肯吃苦，敢于拼搏，找对方法，就容易获得人生所需要的财富。无论出于嫉妒心理，还是存在利益纷争，我们大可不必因为别人过得比自己好而产生挡人财路的想法。

但是并非所有的人都能有这样的好心态，一些人似乎总是眼馋，见不得别人好。如果看到别人能力、才华等方面都不如自己，却赚取了比自己更多的财富，他们会心理不平衡，想找一些合适的机会阻挡他人的财路。追逐财富是人类最基本的欲望之一，那些想方设法挡人财路的行为实际上是与人争利，严重的情况下会断人的生路，其后果可想而知。

清朝初年，山西豪富亢氏在原籍平阳府开了一家当铺。后来，有人在亢氏当铺附近也开了一家当铺，展开竞争。亢氏眼见自己开办的当铺生意被别人抢了，很不甘心，决心给对方一点教训。

于是，亢氏每天派人到那家当铺中典当一个金罗汉，典价银 1000 两，连续典当了 3 个月，把这家当铺的资本几乎耗光了。

这家当铺的主人着了慌，忙问典当人何以有这么多的金罗汉要典当？来人答道："我家有金罗汉 500 尊，现在只典当了 90 尊，尚有 410 尊金罗汉要拿来典当哩！"

这家当铺主人听了大吃一惊，急忙向来人施礼，询问来人的主家，才知原来是平阳府巨富亢氏。当铺主人自知不是亢氏的对手，只好托人与亢氏协商，请求将金罗汉赎回，然后关门歇业，远走他乡。

在上面的故事中，亢氏挤垮抢生意的人是出于维护己方利益的本能；而被挤垮的一方之所以遭遇亢氏的打击，是因为侵犯了对方的利益，挡了他人的财路。于是，竞争和较量便不可避免。

一般而言，"挡人财路"多表现为以下几种情形：

（1）争夺。

面对有限的资源时，为了保障自己的既得利益，便会选择用各种方法阻止对方获取机会，以尽可能多地抢占资源。

（2）欲望。

因为自己的欲望没有满足，便想着阻挡对方的财路，看能否将之据为己有。

（3）嫉妒。

嫉妒是滋生贪欲的土壤，在嫉妒心理影响下，一个人会变得更加自私，想方设法地破坏他人。

（4）报复。

因为和他人有宿怨，或者看不惯他人的行为，便会寻求机会挡人财路，虽然最终自己可能什么好处也得不到，但却满足了个人报复的快感。

但是，无论是哪种原因引起的挡人财路的做法，都是一种十分不理智的行为，严重者甚至会引起对方的怀恨。面对财路被挡，有的人立即予以反击，有的人则"君子报仇，十年不晚"，总之，你和对方之间已存在了无可弥补的裂痕。

与其阻挡对方财路，不如自己另辟财路。做好自己该做的事情，不与他人结怨结仇，才是最好的选择。

第12章 马太效应

唯有强大，才有被重视的资格

在现实世界中，敬畏强者是人的天性。一个人只有变得越来越强大，拥有更多话语权、专业技能、资金实力，才能赢得合作机会，在社交中张弛有度。当你实力弱小时，要记得见好就收、别硬碰硬，同时不忘修炼自我，在持续精进中迈向卓越。

强者为尊的世界以成败论英雄

"优胜劣汰，适者生存"，始终是这个世界的游戏规则。一个人想要有一番作为，甚至开创一番事业，获取应有的地位，必须积蓄力量、展示实力，最后成为强者。

人这一辈子，活着就要精彩，竞争就是求赢。在人性的世界里，对自己狠一点儿，做到持续精进，才能走向卓越；对别人狠一点儿，才能突破困境，打开局面。做人不能输了心态，更不能在竞争中败下阵来，始终砥砺前行，注定会迎来柳暗花明的那一刻。

郭德纲的前半生，由一段段辛酸的往事构成。他出生在天津，7 岁学习相声，展示出极高的天赋和才艺。为了出人头地，他先后三次到北京闯荡，活得狼狈而艰辛。

开始没有说相声的机会，郭德纲就坐着小板凳，趴在床边给别人写剧本。那时候收入太少，他常常吃不饱，甚至为了节省房租搬家。后来，郭德纲在相声里说"有钱男子汉，没钱汉子难"，那是刻骨铭心的人生感悟。

为了闯出一片天地，郭德纲创办了"北京相声大会"，这是德云社的前身。他聚集了一伙人，在北京郊区租了一个破院子，大家吃住都在那里。奈何郭德纲空有一身本事，却怎么也找不到用武之地。在很长一段时间里，社团的演出非常惨淡，大家一度吃不上饭。为此，郭德纲不得不拼命赚外快。

后来，于谦所在的剧团看上了郭德纲，让他跟着演出。接着，剧团领导找来了闲适多年的于谦，让他给郭德纲做搭档。至此，两个人开始了漫长的合作。

相声界讲究师承关系，如果没有人脉和圈子，你很难有所作为。当时，郭德纲虽然积累了一些名气，但是作为一个野生的外来户，依然面临着巨大的生存压力。为了师出有名，郭德纲四处求人，拜访了很多名家，渴望融入相声圈子，成为主流中的一员。然而，当你弱小的时候，没有人愿意伸出援助之手。

多年以后，郭德纲每次谈到这段求师的经历，总是感慨万千："我恳求你们收留，那时候只要一个有文化的人说'让他来'，留在手下当个马仔，我就认了。我愿意给你当狗，你不要，怕我咬你；你把我轰出去，结果我成了龙。这是你们把我逼出来的呀！"

很难想象，如果当初郭德纲能在体制内谋一份差事，又怎么能有今天的成就？

度过了人生那段最憋屈和迷茫的时光之后，郭德纲终于等来了此生最大的鸿运。2004 年，相声大师侯耀文发现了郭德纲，认为他是可塑之才，决定收其为徒。从这一刻开始，郭德纲终于有了师父，而且是一位相声界泰斗。在侯耀文的帮助下，郭德纲和德云社异军突起，很快火透了半边天。

郭德纲的育儿观是，"我知道社会凶险，所以我要使劲欺负你，我把你欺负够了，将来到社会上就没人能欺负你了"。他甚至在给儿子郭麒麟的家书里写道："人生一世，极不容易，登天难，求人更难。黄连苦，无钱更苦。江湖险，人心更险。春冰薄，人情更薄。"

经历了人生起起伏伏，见惯了世间冷暖无常，郭德纲深知"人心险恶"。尤其是当你弱小的时候，身边的"坏人"往往很多。此时，你唯一能做的是让自己变强大，获取公平竞争的机会，最终赢得外界认同。因为，成为强者才有更多机会。

在大自然里，弱肉强食是公认的丛林法则。豺狼为了生存，搏杀野鹿，没有道理可讲。在人类社会中，也遵循着强者为尊的逻辑。能者多劳，效率优先，都体现了人们尊强、慕强的心理。为此，通过努力奋斗、拼搏进取，成为某一行业或领域的强者，我们才能有更多发展机会，得到外界认可。

心慈手软，对政治家、军事家、大商人来说，都是致命的弱点，是那些失败者功亏一篑的重要原因。在职场上，面对你上我下的竞争局面，对他人仁慈就是对自己残忍，为此我们必须在关键时刻展示自己的专业能力、敬业精神，以及收拾残局的本事，以赢得一席之地。

你还在拿鸡蛋碰石头吗

中国有个成语叫"螳臂当车"，意思是螳螂举起臂膀抵挡车子，完全不知道自己力不胜任。这个成语告诉我们，每个人都要认清自己，凡事都要量力而行，不要硬拿鸡蛋跟石头碰。

《孙子兵法·势篇》写道："兵之所加，如以碫投卵者，虚实是也。"以碫投卵，就是以石头砸鸡蛋，后果可想而知。

在职场中，员工难免对上司有意见。这个时候，有的人就会采取对抗的方式，与上司针锋相对，但是与强者做对手，一般不会有什么好下场。

某公司的一个部门来了位新上司，员工心里很不服气，因为这个新上司还没有上任，就把前上司的老底翻了出来，好的说成坏的，坏的说成更坏的。当时一些员工暗地里想给这个新上司一个下马威，集体在群里制定了小计划，一方面在部门内部实行非暴力不合作计划，但凡领导吩咐的事情，或拖延或搞砸，一方面在部门外实行舆论包围攻击，甚至想到去网站论坛上发布他的不良传闻，再转帖回公司内部网站。几个人商量着，好让他尝一尝被人攻击的滋味。

但是，公司一个资历深的员工老张无奈摇摇头，劝他们说："你们这样做没有任何意义，到头来可能会失去自己的工作。"

事实上，老陈所言是对的，在老板的鼎力支持下，这个部门的新上司对员工的小打小闹根本不屑一顾，而且到最后，大家还不得不向新上司道歉。俗话说："别拿鸡蛋碰石头。"与强者针锋相对，往往自己会吃亏。新上司既然能够上任，就必然得到了强者的支持，他们从来都不怕下属跟自己作对，有后台老板撑腰，新上司定然所向披靡，无所畏惧。

但有的时候，下级的冲撞会使领导下不了台，面子难堪。而领导又存在很强的权威性，尊严是一个人最敏锐、最脆弱的感觉。因为它总是同一个人最本质的某些东西相联系，侵犯尊严无异于对人的侮辱和蔑视。领导者理所当然地享受被人尊重的权力，对被冲撞绝对不能容忍。

聪明的人不会选择以卵击石，有的时候，静静地等待机会要比无谓的抗争更明智。只有趋利避害，才能最大限度地保存实力。为此，我们要沉得住气，谨记"留得青山在，不怕没柴烧"的道理。

那么，与上司产生矛盾时，我们该怎么做呢？

（1）用头脑解决问题。

一味地横冲直撞往往会因小失大。在面对上司时，一定要掌握相处的技巧，绝不能直来直去。

（2）学会认清自我。

任何时候，我们都要认清自己，给自己一个合适的定位。如果高估自己的实力，贸然进入危险的境地，到头来吃亏的只能是自己。

（3）凡事坚持量力而行。

在形势中随机而动，等待时机，沉得住气，量力而为，是智者所为。人的心力与能力都是有限的，量力而行才会自在安然。

实力足够强大，才能让对手闭嘴

战场上得不到的，永远不要期盼在谈判桌上得到。在人际交往中，人们遵循凭实力说话的原则，往往看人下菜。如果你想得到他人的尊重和认可，赢得与他人合作机会，必须锤炼过人的本领和专业能力。

作家莫言说过这样一句话："不管你和对方是什么关系，如果一见面就问你的谋生方式的人，本质是在计算对你的尊重程度和关系深度。"在成年人的世界里，千万不要高估你和任何人的关系，努力让自己变得足够强大才是王道。

香港，这个东方之珠是一座财富之城。英国占据香港期间，每年都从中获取大量税收，并派驻了很多英军。

按照中英谈判协议规定，香港必须在1997年回归中国。对此，有的英国军官表示不理解："我们把香港让给中国人，背后的原则是什么？"后来，有人给出解释，提到了中英协议，说明把香港归还中国的时间到了。但是，这说服不了英国军官。

最后，一个英国空军上将站出来，他说了一句话，顿时让所有军官闭嘴。空军上将说："你们想始终占据香港，这可以理解。但是你们有没有想过，谁去面对强大的人民解放军？"结果，军官们面面相觑，从此不再谈论这个幼稚的话题。

对一个国家来说，拥有强大的武装力量才能保卫疆土、抵御外敌，让那些有觊觎之心的人断了非分之想。由此可见，不战而屈人之兵是以强大的实力为后盾的。唯有强大，才能被对手重视；唯有强大，才能得到公平竞争的机会。

在人际交往中，何尝不是如此呢？强大内心，提升技能和影响力，外界自然不敢对你小觑。任何困苦都无法阻挡前进的脚步，当你从一棵幼苗长成参天大树，就能自由拥抱蓝天和阳光，在这个世界完美绽放。

在不同的社交场合，我们的一言一行，一举手、一投足都会折射出内心世界充盈与否，影响到别人对我们的看法：是猥琐的，还是高大的；是小气的，还是大气的；是霸气十足的，还是懦弱有余的。然后，他人会采取不同的话术、策略与我们交往。显然，如果你给人留下懦弱无能、见识短浅的印象，势必无法赢得尊重、友谊，更无法与对方建立更紧密的合作关系。

每个人都渴望在社交过程中游刃有余、得偿所愿，但是放低姿态乞求他人，或者精于算计，都无法获得长久的友谊与合作。根本的制胜之道是让自己变得强大起来，比如在专业领域有所建树，在行业内有话语权。如果做不到这一点，势必劳心劳力而没有结果。

那么，我们如何才能让自己越来越强大呢？

（1）在人际交往中保持自信。

为人处世，切不可羞涩、窘迫，忸怩作态，否则在底气上就先输了。自信是基础，它是使人情绪稳定的核心，对能否展示出强大的气场发挥着至关重要的作用。遇到怯场的局面，你要进行自我调控，绝不能流露出半点的不安和自卑。

（2）姿势与谈吐落落大方。

有魅力的人说话抑扬顿挫或诙谐幽默，与他人沟通时激情四射。在社交场合要坚持自然而不做作，随和而又充满机敏，由此所透露出来的权威感会产生一种无形的魅力，一点一滴地渗透到对方的心田，使对方在不知不觉中被吸引，被征服。

（3）努力成为业内佼佼者。

无论你从事什么行业，担任什么职位，一定要成为业内专家型人才。这种专业能力与经验是一种鲜明的标签，彰显我们的价值与地位。在关键场合，如果你不具备应有的专业能力，又如何赢得他人的尊重与合作呢！

别太在意遭受他人排挤

结交朋友很重要，但很少有人告诉你该如何交朋友。

如果有一天，你发现同事突然对你不再友好，一脸无所谓的态度，甚至处处刁难你，让你难堪，看你的笑话，你就得当心了。这个信息向你传送了一个危险的信号：同事在排挤你。令你头疼的是，你没有做什么伤害别人的事，平时友善待人，却遭到他人的排挤，甚至是冷嘲热讽。你对别人的好心，也被别人当成了驴肝肺。

其实，职场中被排挤，像吃饭睡觉一样正常。世界没有那么美好，人与人之间的纷争永远也不会消失，当你被排斥的时候，不要责怪自己，也没有必要和对方翻脸。其实，大家都没有错，只是情势使然。此时，我们唯一能做的是调整好应对的心态，明确自己的立场：你是争，还是让。

人生不可能一帆风顺，难免会遇到低谷期。在生活中遭人排挤的时候，太在乎别人的眼光，做事的时候难免会畏首畏尾。

面对外界挤压，首先要理性分析问题，从自身角度出发，先向内审视自己，自我疗愈，有则改之无则加勉。然后，勇敢地拥抱外面的世界，寻找自己热爱的事物。千万不要否定自己，这个过程很痛苦，但是自己永远是自己最大的救星。永远不要在意别人的看法，记住，任何人，特别是那些非亲非故的人打压你，排挤你，你完全可以把他当成空气置之不理。

你太在意别人的看法，就必定会失败。所谓"不招人忌是庸才"，能招人妒忌也间接说明你有能力，威胁到了别人的利益。只要你平日对人的态度和蔼亲切，真诚待人，总会有人发现你的善良与美好。

不管遇到哪种情形的打压，见仁见智，保持正面的心态，坦然面对一切，再告诉自己塞翁失马，焉知非福。

那么，受人排挤时我们具体该如何应对呢？

（1）专注提升自己，建立社交圈。

花时间提升自己，加强自身业务能力，提升个人职业素养，开始健身的同时健脑，多去认识优秀的人，才能有效拓展社交圈。

（2）学会自省。

反思自己是因为优秀遭人不满，还是不懂人情世故，或者触犯了他人的利益。只有找出问题的根源，才能对症下药。

（3）必要的时候学会反击。

专心做好自己的事，坚守底线，受到伤害时要学会收集好证据，用正当的手段给予反击。

不要沦为生存竞争的落伍者

任何一个重要的岗位，靠浅薄的知识或低劣的才能永远无法完成。如果把人生比作一个大舞台，每个人都是台上的主角。在快节奏的现实社会中，想要走向成功，只能一步一步加快脚步向前走，不让自己掉队。否则，一旦成为落伍者，就会在社会竞争中全面落败。众所周知，一个落伍的人在人际交往中没有立足之地。

俗话说：人生如逆水行舟，不进则退。一个人停滞不前，将前进的巨轮抛掷脑后，注定难有作为。唯有振奋精神，充分发挥我们的全部才智，不断地追求知识，不断地观察思考，才能不落后于时代。

大千世界，芸芸众生，我们都是普通人。人们在摸索中前进，通过后天的学习而变得有能力，从而适应了社会的发展和变化，甚至引领了社会发展的潮流。一个人唯有跟上时代步伐，引领潮流，才能吸引追随者，赢得合作，在社交中掌握主动权。在这方面，鲁迅先生是榜样，他在临终前一个小时还在写文章。著名华商李嘉诚，他坚持每天晚上读书，这个好习惯已经坚持了几十年。

人类生存竞争是不可避免的，作为社会性动物，我们需要相互合作和相互依存才能活下去。如果想拥有一席之地，任何时候都不能丢掉进取心，更不能丢掉最初的梦想。少了进取心，就容易失去生存权和话语权，丧失应有的地位。

一个人只有依靠自己，充分提升自己，发挥自己的才干，克服无数的挫折与磨难，才能获得成功，才能获得别人的信任和尊重。社会的发展是不可预测的，唯一不变的是，你要比竞争对手学得更好才能够更快地融入社会。

那么，怎么才能比竞争对手更优秀呢？

（1）树立自信心。

对自己的头脑和双手有充分的信心，才能在社交中闲庭信步。即便我们尚在逆袭的路上，也不能失去为人处世的精气神。别把自己看扁，别人才能对我们高看一眼。

（2）提升自我认知。

抽时间读书，建立自我认知。一个人的学识和修养要靠日积月累。超越眼前的生存需要，提升自我认知，才能在未来的日子里获得强大的竞争优势，在人际交往中游刃有余。

第13章　变通思维

别让直性子毁了来之不易的关系

穷则变，变则通，通则久。为人处世要学会灵活变通，做事不能太死板。前面已经是万丈深渊，难道你还要跳下去吗？懂得及时转弯，才能柳暗花明。与人交往不能性子太直，善于变通才能妥善应对各种场面。

不懂转弯的人会四处碰壁

一个人正昂首挺胸向前走着，忽然碰到了一块坚硬无比且硕大的巨石。他并没有选择绕道而行，而是停下来尝试着徒手搬起这块巨石。过了一刻钟，他发现他根本搬不动这块巨石，简直是浪费时间。人的一生何尝不是如此呢？

任何事情都不会一帆风顺，人生会遇到很多困难和挫折，如果我们碰到困难和问题时不知变通，而是硬碰硬，那么最终的结果就是钻进一个死胡同，我们的人生就会处处碰壁。

什么是转弯？当碰到困难、前路不通时，我们要选择改变方向，这样很容易让问题迎刃而解。进一步分析，转弯意味着变通，并不意味着毫无意义的躺平或放弃。遇到失败后，我们选择转弯，改变自己努力的方向，成功会变得相对容易。

山重水复疑无路，柳暗花明又一村。当前面的路行不通时，选择转弯，才能拥有柳暗花明的未来。著名科学家爱迪生发明白炽灯泡时失败过很多次，但是他并没有选择放弃，而是选择变通，不断更换新的材料。试想，如果他没有灵活求变，那么到今天可能我们也不会用上合适的灯丝。

我们伟大的祖国亦是如此。1978 年之前，中国经济遭遇挫折，人民连最起码的温饱问题都难以解决，面对现实和困境，中国毅然选择变通，走出了一条符合国情的中国特色社会主义道路。如今的中国繁荣昌盛，令中华儿女感到骄傲和自豪，这是变通的结果，这是求变的意义。

职场中亦是如此。能力、才华不相上下的两个人，为什么老板倾向于另外一个？其中一个非常重要的原因是另外一个人在为人处世方面胜出。那个人处理问题知道变通，而不是任着自己的性子去解决问题，由此成为赢家。

阮籍表面上放荡不羁，但善于隐藏自己的内心，尤其是在官场上。他从不轻易评价他人的好坏，喜欢婉转地表达自己的观点，深得司马昭父子的青睐。也正是因为此，他有了强大的靠山，这种迂回曲折成就了他，也帮他赢得了竹林七贤的名头。

同为竹林七贤的嵇康却有着完全相反的命运。钟会是当时极富才华的人，也是深得司马昭信赖的人。钟会听说嵇康博才多学，便去拜会。嵇康觉得钟会是司马昭的人，结果不仅没有以礼相待，反而对其非常怠慢。这样，持续了一段时间，钟会觉得嵇康实在无趣，更是怀恨在心。后来，嵇康被钟会进谗言，落得被司马昭下令杀死的结局。

我们经常说人不能失去了自我，但是在为人处世过程中，有些棱角和光芒是需要收敛的。职场就好比一个大熔炉，倘若每个人都带有鲜明的棱角，不知变通，那么，注定在这里难以获得想要的结果。

那么，怎样做才是变通的最好方法呢？

（1）学会在碰壁时改变自己的方向，为成功创造新的机会，而不是一味地横冲直撞。

（2）学会恰当得体地表达自己的见解，不仅要能说话，还要会说话，不因为耿直的性格而使自己错失了良机。

总之，任何事物都不是一成不变的，任何事情都不是一帆风顺的。做一个懂得变通的人，善于根据形势变化择机而动，就能在人际交往中左右逢源，成为世人眼中的高情商人士。

用谦让代替争执

成功学大师卡耐基曾经说过："用争夺的方法，你永远得不到满足，但用让步的方法，你可能得到比你期望的更多。"我国著名思想家老子也说："夫唯不争，故天下莫与之争。"卡耐基和老子都在劝诫人们用谦让代替争执，而不是一味地选择去争去抢。要知道，从某种层面来说，谦让也是一种智慧，学会谦让而不是争执，才更有可能成为人生的赢家。

忍一时风平浪静，退一步海阔天空。人的欲望是无穷无尽的，这一生有太多我们想追逐的东西。如果一味地选择争夺，尽管从短期来看，你能够实现自己的既定目标，但是从长远来看可能失去的比得到的还要多。相反，如果我们能够用谦让来代替争执，就会发现，等待我们的还有更大的机会和成功，还会收获更多的爱情和友情。

换一个层面来说，不争才是争的最高境界。选择不斤斤计较，不与人争，那么，结果往往比我们预想的还要好。秉承这样的原则为人处世，你的各方面能力、情感会得到提升，你也由原来的斤斤计较变得心宽体胖，每天充满正能量地面对身边的人和事。

康熙年间，礼部尚书张英的处世哲学能让我们体会到谦让的力量。

有一次，张英老家准备扩建房屋，但是与邻居吴家就地基的问题产生了矛盾，双方各不相让，还闹到了公堂之上。母亲感到非常生气，就立刻给远在京城的张英写信，希望他能够利用自身的权力帮助家里解决地基的问题。但吴家在当地也是名门望族，所以没有选择退让。而夹在中间的县令更是左右为难，不知该如何处理。

张英收到母亲的信后，起初非常懊恼，觉得母亲仗势欺人，要依靠自己的官威来解决这个问题。张英认为，如果按照母亲所说行事，将来传到皇帝耳朵里，必然会留下话柄。但是，如果装聋作哑，肯定会受到家族尤其是母亲的埋怨。后来，张英在回信中只写了四句话："千里家书只为墙，让他三尺又何妨。万里长城今犹在，不见当年秦始皇。"

母亲收到信后立刻明白了张英的意思，于是连夜悄悄地把三尺地基让了出来。第二天，吴家人一看，立刻明白张英没有仗势欺人，也进行了深刻反省，认为自己也有不对的地方，于是也让出了三尺地基。在双方的谦让下，张吴两家中间形成了一个六尺的巷道。后人干脆将其命名为六尺巷，而这个以退为进的故事也成为了一段佳话。

其实，用谦让代替争执时，一定要做好吃亏的打算，但并不是让自己一味地吃亏。如果我们不能做出丝毫的退让，那么长此下去，周围的人便会觉得我们是格局小的人，从而便会与我们保持距离。

当争论出现时，不要急于与他人争辩，而是选择静下心来，努力克制自己的情绪，将大事化小，小事化了。争论无助于解决任何问题，只有双方保持对彼此的容忍和宽容，才能解决当下的困境。

要记住，适当的谦让并不意味着退缩，而是一种云淡风轻的处世态度，是一种彬彬有礼的绅士行为。从今天起，用谦让代替争执，学会不争不抢，用谦让的态度去对待身边的人和事。总有一天，你会发现，人生会因为谦让而变得更加美好。

考虑他人的感受和需求

这个世界上有很多人，每个人都与众不同。在人群之中有高矮胖瘦，有美丑穷富。谁都不想被别人评价为丑，谁也不想一直被称为穷人。这个世界上没有完美无缺的人，每个人都有自己的缺点，以及难言的痛处。学会换位思考，学会考虑他人的感受和需求，许多事情便会变得简单而容易。

与人相处，不伤害他人的自尊是对人最起码的尊重。在矮人面前不谈身高，在胖子面前不谈体重，在穷人面前不炫耀自己的财富，等等。也就是说，无论你从事什么职业，言行举止都要考虑他人的感受，千万不能不管不顾，随意说出一些伤人的话，否则会在人际交往中寸步难行。

一个说话口吃的外乡人，有一天到了一个陌生的地方问路，因为天生口吃的毛病，说话总是结结巴巴。他问一个本地的人前方的路该怎么走。可是这个本地人显得非常不热心，无论怎么询问，这个本地人总是不说话。外乡人不禁对这个本地人的行为嗤之以鼻，认为他自私冷淡。

后来，外乡人询问另一个本地人，得到了答案。这时，第一个本地人才支支吾吾地解释道："我本身就患有口吃，如果我开口告诉他，那对方一定会认为我在学他说话，是在笑话他。如果正常人告诉他，那么他也找到了答案，也会因此而非常开心。"众人这才明白了他的良苦用心，对其考虑他人感受的行为纷纷称赞。

每个人都有自己的短处，在社交中不指出他人的错误，不揭人短，本身就是一种美德。

"管鲍之交"主要讲述了管仲和鲍叔牙之间深厚的友谊。他们一起投资做生意，鲍叔牙投资多，但是考虑到管仲家境贫困，于是主动在分取利润的时候拿少的那一份；在外行军打仗时，管仲为了能侍奉多年生病的母亲，经常做逃兵，冲锋在后，别人都觉得他是个贪生怕死的胆小鬼，只有鲍叔牙极力为他辩解。公子小白在鲍叔牙协助下逼死了公子纠之后，成为一代齐国国君——齐桓公，鲍叔牙极力推荐管仲为相国，并且甘当他的副手。

我们应该向鲍叔牙学习，他的大将风度让人为之惊叹。他虽然助力公子小白成为一代名君，并没有骄傲而邀功，而是向齐恒公举荐管仲，让才华更加出众的好友在政坛上施展才华。如果没有鲍叔牙的伟大和无私，又怎会有齐桓公这一大霸主呢？

有智慧的人不做井底之蛙，躲在阴暗潮湿的角落里看自己的风景。如果你能够怀揣着一颗宽广的心，考虑他人的感受和需求，那么，你的视野会更加广博，你所看到的风景也会更加亮丽。

要学会换位思考，便要将心比心。考虑他人的感受和需求，你会发现，自己之前做的很多事情都是错误的，如果学会换位思考，用这种方法考虑问题的前因后果，你会发现自己会变得更加乐观。

每个人都有人生的既定位置，但是也要学会不断变化。学会考虑他人的感受和想法，有助于我们在社交中面对复杂的局面。

牢记"枪打出头鸟"

俗话说：枪打出头鸟，刀砍地头蛇。猎人的枪总会选择先打露出头的那只鸟。这句话告诉我们，做人不要显露自己的锋芒，否则容易招来横祸。水满则溢，月满则亏，一个做任何事情都喜欢出风头的人，将自己的想法、观念毫无保留地暴露在大众面前，自己毫无隐私而言，很容易受到意外的攻击，遭受打击。因此，做人要保持低调。

低调做人是一种处世哲学。在低调中成就自我，既不会引起麻烦，也会让自己在无形之中处于安全的状态，获得好人缘，赢得更多成功的机会。为人虽然低调，但并不是无所事事，而是选择在黑暗中前行；为人看似处于弱势，但并不代表自己很弱，而要选择逐步减少前行中的阻力，避开那些不必要的障碍，在韬光养晦之中获得佳绩。

三国时期的杨修才华横溢，聪慧过人，但他最终却因为锋芒太露而失去了生命。

有一次，曹操命令修建一座花园。花园修建完成之后，曹操大为赞赏，但也有美中不足的地方。临走之时，他在大门上写下一个"活"字。眼尖的杨修看到后，认为门加"活"就等于"阔"，于是命令手下的人将大门改窄一点，以符合曹操的心意。

等曹操第二次再来看花园的时候，对门的改动连连称赞，然而这也更加助长了杨修的锋芒。从此之后，杨修更是一发不可收拾，无时无刻不在揣测曹操的心思。由于为人高调，不知收敛，最后杨修引起了曹操的不满，最终落了个悲惨的下场。

放低姿态，不做出头鸟，在低调中修炼自己的心性。在不显山、不露水的情况下寻找机会，涅槃重生。即使在无人关注的情况下，你也能够飞黄腾达。为人处世要低调小心，不骄不躁，要学会趋利避害，避免被别人抓住把柄。很多时候，即使你满腔抱负，雄心壮志，也不要去做那只出头鸟，尽量低调一些，否则你会与成功失之交臂。

享誉全球的华人富商李嘉诚一直坚持谦虚做人。无论在工作还是平时的生活中，他都把这种谦虚、为人低调的秉性传递给后代及身边的人。李嘉诚为人宽厚开明，他希望儿子做一个有出息的人，成就一番事业。他一再强调，做生意要多一份谦逊，为人低调，少一分傲慢。

有媒体报道，李家在深水湾的豪宅大肆装修。李嘉诚对此回复道："我这里已经20多年没有翻修过了。"他低调处世的作风，让人为之称颂，这也是他成为首富的重要原因之一。

在人际交往中，我们该如何低调行事呢？

（1）低调做人，高调做事。保持低调既是一种良好的行为习惯，又能够很好地保护自己、战胜他人。为人低调，容易隐藏弱点；为人低调，才能守住自己的阵地，赢得机遇。因为低调，才能随时把握时机，不被猎手所擒获，容易达到自己的目的。

（2）社交中不做出头鸟，以免树大招风。保持谦虚低调的作风，时刻注意自己的言行举止，不过分张扬，不显露自己。只有这样，才能和他人保持一定的距离，不会招惹别人的敌意，令对方无法捕捉你的虚实。

改改做事太较真的毛病

生活中，有些事情不需要也不必太较真。如果一个人不懂得变通，一直喜欢和他人较劲，无异于钻进死胡同，为自己增添不必要的烦恼。在一定程度上，与他人较劲就是与自己过不去。所以，我们要学会与自己和解，改改做事太较真的毛病，用平和的心态看待身边的人和事，这样，做起事来才会事半功倍，在快乐中度过每一天。

如果我们事事钻牛角尖，凡事去较真，那么，我们会发现，自己看不惯身边的任何事情，无法容忍同事或者朋友犯任何错误，最终，我们只能成为孤家寡人。

那些处处喜欢较真的人，大多不知道变通，不知道如何回旋，习惯在一件小事上念念不忘。时间长了，这些喜欢较真的人总是处于挣扎的边缘，失去了人应该有的宽容之心，而自己人生的路也会越来越窄。更重要的是，他们的理性思维也会逐渐下降，对社会的感知力逐渐减弱，无法看到他人所能理解的丰富世界，无法感知人生的精彩。

一位老者说，他走在大街上，听到有人骂自己，但是他却选择头也不回，因为他根本不想知道对方是谁，因为这些都是无关紧要的东西。聪明人非常清楚自己想要的东西，也明白自己前进的方向，他们不允许任何人成为自己成功之路上的绊脚石。

我们每天都会遇到很多事情，有很多工作和任务需要我们去做，所以，我们没有必要把精力放在无关紧要的事情上。在一些不重要的人和事情上投入自己有限的精力，简直是在浪费时间，也会给自己造成不必要的烦恼。

职场生活中亦是如此，如果事事都要追根溯源，弄个明白，那么，长久下去会不利于团队关系的和谐，也不利于工作的开展。

聪明人懂得遇事不较真，给自己留足精力和时间，放到重要的事情上。那么，怎么做才算不较真呢？

（1）保持适当的弹性，学会迂回。只要这件事情不涉及原则，不触碰到自己的底线，就学会睁一只眼闭一只眼。要知道，很多烦恼都是自找的，有些问题没有自己想象的那么严重。

（2）不要把自己的意愿强加给他人，要充分理解变通的道理。在处理人际关系时，不妨忘了自己的想法，学着糊涂地面对一些人和事。当你学会放下，你会发现身边的烦恼突然消失了。

从今天开始，改改做事太过认真的毛病，做一个糊涂的人，做一个快乐的人，与烦恼说再见，与他人和解，也与自己和解。

委曲求全是避祸的策略

我们每天都会面对错综复杂的社会矛盾和人际关系。每个人都或多或少会面临来自外界未知的祸端。如果生命受到威胁，利益受到损害，就要想方设法找到对策，将损失降到最低。一味逞能只会让局势雪上加霜，因此，在适当的时候要学会委曲求全。从某种意义上来说，这是避祸的策略。

猛兽狮子带着九只猎狗在森林里捕猎。辛苦了一整天，它们疲惫不堪地带着十只羚羊回到营地。关于如何分配的问题，狮子说道："现在我们必须找到一个公正的办法来分配这顿美餐。"话音刚落，一只猎狗说道："一对一就很公平呀！"这时，狮子非常生气，凭借着强壮的身体立即将其打昏在地上。

顿时，所有的猎狗都目瞪口呆，不知所措。最后，其中一只猎狗站出来说道："亲爱的狮子大哥，您别生气，是我的兄弟错了。如果我们把全部羚羊都给您，那您和羚羊加起来的数量就是十只，那如果我们九个再加上一只羚羊的话，也是十只，这样我们的数量就是一样的，都是十只。"狮子听完，露出了满意的笑容，说道："你为何能想到这样的办法？"猎狗回答道："当您把我的兄弟打晕时，我瞬间明白了，硬碰硬，根本解决不了问题。我现在虽然吃了亏，但是能够保全兄弟；如果我不吃亏，那么剩下的兄弟也会落得一样的下场。"

做人何尝不是如此呢？为了躲避祸端，我们要适时选择委曲求全。如果危险来临，千万不要逆流而上，要知道，在危机面前没有任何人可以扭转乾坤，只有委曲求全是最佳的策略。那些看似逆势而动的人，他们获得东山再起的机会其实很渺茫，他们在做出选择的那一刻，就已经注定了失败的结局。

选择委曲求全，并不意味着放弃，只是暂时的屈服，保留自己的实力以待时机。待休整过后，必然能散发出不一样的光芒，创造出属于自己的辉煌。忍耐的功夫可大可小，在一定层面也决定了一个人成就的大小。

男孩在野外游玩时不小心脚被毒蛇咬了一口，他大声地呼救，却没有任何人回应。他身边没有任何可以利用的药品，如果等到别人来救援，他可能已经危在旦夕了，小男孩选择毫不犹豫地砍掉了自己受伤的脚。最后，他虽然失去了一只脚，但是却使生命得以延续。暂时的委屈是为了让自己更好地活下去，只有拥有了生命，才可以从头再来。

再看看历史上的越王勾践，他能屈能伸，甘愿忍受凌辱，甚至吃过粪便，就是为了有朝一日能够回到越国，最终他实现了自己的抱负，成为一代枭雄。

古往今来，大丈夫能屈能伸，当今的我们亦应该如此。不要害怕暂时失去了机遇，千万不要由着自己的性子率性而为。你可以选择假意应对，暂且委屈自己，成全他人，待涅槃重生之时再鹤立鸡群。

委曲求全是避祸的策略，是高效社交的艺术。聪明人除了奋进，还懂得委屈自己，从而涅槃重生，成就更好的自己和未来！

第 14 章　抬高底线

你的善良必须有点儿锋芒

做人要善良，但是不能无谓地善良。在复杂的人际关系中，如果习惯了吃亏、沉默，总是委屈自己，不懂得拒绝他人，这实际上是放弃了社交的底线。一味地善良换不来友谊，唯有自带锋芒才能让人见识到你不好惹的一面，在一段关系中站稳脚跟。

放弃让所有人满意的想法

在现实生活中，人们会时常面对批评和指责，这是不可避免的。想要让所有人都对你满意是不可能的，即使你竭尽全力完成了任务，也总有人会鸡蛋里挑骨头，找到让他不满意的地方。个人的价值绝不是体现在别人的赞美和批评上，我们也不必要求把任何事情都做到十全十美，只要尽心尽力完成本职工作就好，至于别人如何评价我们大可不必太在意。

太在乎别人的赞美会变得骄傲，太在意别人的批评会变得懊恼。所以，最好的办法就是心平气和，保持一个平静淡泊的心态去看待事物。既然我们使出浑身解数也没有办法做到令每个人都满意，那么，我们做事之前就要有主见，认定一个目标要尽心尽力去完成，哪怕过程中遇到了非议与指责，也不能分心，不要被他人的意见左右。

宋宇与周伟在同一家公司实习。宋宇性格十分温和，周伟的性格却正好与之相反。每次开会，周伟都是一个积极分子，他很少赞同别人的意见，往往都是用有理有据的观点阐明自己的立场，和别人一争高下。

这样做的结果是，整个会议的气氛异常紧张，周伟锋芒毕露的风格很难被人接受，同事们都认为他是一个十分尖锐的、很难相处的人。而宋宇却是一个很少发表意见的人。在多数情况下，他都投赞成票，很少提出反对意见，同事都认为他是一个踏踏实实的人。

一个月的试用期到了。大多数人都认为，宋宇会被老板留用。但是，结果恰恰相反，周伟获得了工作机会。原来，老板在周伟尖锐的性格下看到了他与众不同的才华，这种争强好胜的人正是公司保持活力所必需的。

周伟以他的才华，以及敢于和别人一争高下的勇气获得了工作机会。而一直做老好人的宋宇，尽管他笑脸相迎，没有任何危险性，有着与世无争的风范，却不能得到他人发自内心的尊重，也与许多机会失之交臂。

人的价值是由自己来决定的，一心要让每个人都满意的结果是谁都不会满意，甚至会把自己之前努力的成果付之东流。我们能做的就是尽自己所能，做到问心无愧。

行动是最具有说服力的语言。行动的力量胜于一切。一个人的行动，胜过千百句深思熟虑的言辞。与其苦口婆心向他人解释你的意图，不如赶快行动起来达成自己的目标。其次，我们要坚持自己一贯的原则，面对各种无理要求，始终坚守底线。不为他人的喜好而放弃自己的标准，是做人做事的基本原则。当然，在无法让他人满意的时候，我们也不必刻意得罪他人，坚守原则与讲究策略并不矛盾。

每个人的主观感受和需要不同，看问题的角度不同，所持的观点、立场不同，这就导致人们之间难免出现矛盾。因此，在人际交往中，我们把他人的意见当作一种参考就足够了。即使上帝也不可能让所有人都满意，更何况我们这些凡夫俗子。

总之，在实现梦想的过程，不要在乎别人的看法，你也没有必要让人人都满意，大胆地朝着你的目标迈进，用行动表明你的态度，这就足够了。

软弱退让只能任人宰割

"弱肉强食"是大自然公认的丛林法则。在动物世界里，猎豹为了能够存活，可以拼尽全力追捕猎物，甚至不捉到誓不罢休。在人类社会里，同样存在着这种"弱肉强食"的现象。人们为了能够生存下去，为了保护属于自己的财富，会拼命去争取。而每个人在朝着自己既定目标前进的时候，软弱退让只能任人宰割，被淘汰出局。而出手迅速，不放弃的人才能一路竞争下去，最终赢得胜利。

俗话说，"人善被人欺，马善被人骑"。"人善"往往指的是那种表面上与世无争，善良、厚道的人，其实，换句话说，这些人骨子里软弱、缺乏主见，也正是因为如此，他们没有勇气和别人争夺。所以，通常情况下，面对他人的侮辱和打骂，这些人只能忍气吞声，默默承受，从未想过反击。

最容易被欺负的人都是"善人"，因为与人为善，不争不抢，不使手段，不会拒绝他人，所以常被利用。这就告诉我们，在生活中，不能单纯地只表现出善良的一面，有些时候，绝不能心软退让。

软弱退让的人往往与失败相伴。要想取得成功，我们就要摆脱软弱，改变自己的懦弱性格，敢于展示自己，勇于表现自己的长处和优点，让他人刮目相看，这样，我们才能获得更多的机会，才有机会成功。

当然，不软弱不退让并不代表我们可以嚣张跋扈，相反，我们要远离嚣张跋扈的人，仔细观察这些人你会发现，他们每天打着自己的如意算盘，时不时地对他人进行搜刮、敲诈。

优秀的人总是会受人妒忌，当我们的优秀引起他人的妒忌时，甚至会有人对我们大打出手，这时，我们绝对不能软弱退让，因为这样只会增加他们心中的自豪感，认为我们不敢反抗，进而得寸进尺。

在面对他人的恶意打击时，我们要清楚地认识到这不是我们自身的问题，而是他们嫉妒我们而内心不平衡，我们只有展示出自己强大的一面才能保全日后的安宁。

对那些善良的人要与之为善，对待那些阴险狡诈之徒要展露我们强硬的一面。要知道，导致苦难的根源正是软弱和退让。

要想做到不软弱不退让，首先便要克服内心的胆怯，努力让自己强大起来，只有这样，我们才能够成为强者。

当我们没有能力与他人抗衡的时候，在他人强迫我们去做一些事情的时候，我们要勇于拒绝，不要做违背原则的事，否则，害人害己。

该计较时一定要计较

在职场中，有些人为了处理好与领导的关系，从来不敢违背领导的意愿，总是习惯点头称是。其实，适当地计较一些事情，未必是坏事。因为这个世界上根本没有清心寡欲、无欲无求的人，必要时刻敢于站出来维护自己利益的人，才是真实的。韬光养晦虽然重要，但必要时候，适当表现出个性、脾气，才能展现出你的与众不同。

在今天这个竞争激烈的社会里，明哲保身固然可以使你一帆风顺，但也注定你会一生碌碌无为。为了跳出平庸的牢笼，有些时候，你必须表现出自己的欲望，表明自己的立场，说明自己的想法，让领导知道你在想什么，只有这样，你才有机会得到重用，赢得与他人合作的可能。甘愿做一个老好人，将自己真正的才华隐藏在笑脸之下。久而久之，即使你再有才华也会随着时间的流逝而消失殆尽，最终便是一生碌碌无为。

对任何事都不计较，看似是一种宽容、大度。其实，在大多数人眼里，不计较往往是软弱、无能的表现，长久下去，势必会遭人欺负。所以，关键时刻，我们必须去争取自己的利益，划定自己的势力范围，绝不允许他人侵犯。讲道理，但不是一味地做老好人，这种张弛有致的个性是一个人立身的根本。

大学毕业后，马凯与孙浩一起到新媒体公司实习。马凯说话办事非常谦和，孙浩则与之相反，习惯阐明立场，据理力争。每次开会，孙浩都是一个积极分子，他很少赞同别人的意见，总是有理有据地表明自己的主张，显得有点格格不入。

结果，大家开会的时候看到孙浩，都皱起眉头，现场气氛有点紧张。在同事眼里，孙浩似乎成了一个不容易相处的人。而马凯却很少发表个人意见。在多数情况下，他都投赞成票，很少提出反对意见。私下里，同事更喜欢与马凯相处。

很快试用期结束了。大多数人都认为，马凯会被留用。结果恰恰相反，孙浩获得了工作机会。原来，在老板眼里，孙浩虽然有些不合群，但是他敢于表达自己的意见，并且有非凡的见识，这些都是保持团队活力所需要的。

当然，计较的时候，我们一定要把握好分寸感。也就是说，该计较的时候要注意方式方法，不该计较的时候不要胡搅蛮缠。会圆滑处世的人即使与人计较，也会尽量不伤害别人，因为，他们知道，给别人出路，也是在给自己留退路，这是他们所掌握的"分寸感"。

与人计较时，不要让自己陷入被动。不能太唯唯诺诺，要有自己独特的想法和见解。要学会对那些违背原则的事和人说"不"，当然，这需要我们权衡利弊，三思而后行。

主动展示你"不好惹"的一面

俗话说，"软的怕硬的，硬的怕不要命的"，人们吃柿子专捡软的捏。

在人际交往中，有的人之所以横行霸道，就是因为社会上老实人太多。如果不想让别人作威作福，就要敢于维护自己的利益，关键时刻主动展示你"不好惹"的一面。

一个人应该待人谦和，与人为善，但是必须坚守底线。换句话说，如果对方盛气凌人、无理取闹，我们就不能一味地忍让，此时需要保持一点儿锋芒，令对方不敢恣意妄为。虽然不必像刺猬那样全副武装，浑身带刺，至少也要让那些凶猛的动物让人觉得你不好欺负才行。

经验表明，一个人过于软弱会助长和纵容他人侵犯你的欲望。树立一个不好惹的形象，是确保自己不受欺侮的重要处世技巧。这一形象在时刻提醒别人，招惹你要承担后果并付出很大的代价。

如果你不想给人留下软弱可欺的印象，一定要在关键时刻展示出不易受欺侮的形象，令对方三思而后行。

（1）展示自己泼辣的形象。

生活中，行事泼辣的人敢说别人不好意思说出口的话，摆出一副不好惹的形象。如果有人敢让你受气，那就让对方当面下不来台。面对泼辣的人，大部分人都会退避三舍，以免自讨没趣。

（2）适当展示个人实力。

在任何地方，人们都是凭借实力说话办事。有资金实力的商人，可以轻易搅动市场；有人脉关系的人，能够轻松解决眼前的难题。如果有人想找麻烦，你可以适当展露自己雄厚的力量，比如令人羡慕的专业本领、广泛的人际关系、神秘莫测的背景等。对方看到你大有来头，一般不敢轻易招惹你。

（3）给人留下有仇必报的印象。

人人都知道，仇恨是一种非常可怕的东西，而其最可怕的地方莫过于它的爆发没有时间和地点的限制，令人防不胜防。在人们的头脑中，如果与人结仇意味着麻烦不断，所以世人倡导与人为善。面对伤害、招惹你的人，给对方应有的教训，才能令其长记性，日后不敢对你轻举妄动。

好面子，吃亏的是自己

中国人好面子，有时甚至可以为面子不惜倾家荡产。在我们身边，每天都在上演着死要面子活受罪的现象。为了面子争得头破血流真的值得吗？

王丽拥有姣好的面容和匀称的身材，配上绝佳的气质让人羡慕不已。她从小就爱好艺术，更是弹得一手好钢琴，期望能在艺术道路上有所作为。

后来，王丽凭借自身的优秀条件获得了一个剧组的面试机会。经过层层筛选，她赢得2号主演的机会。作为一个没有任何名气的新人，王丽这次获胜难免遭人议论。不久，坊间的风言风语便铺天盖地而来，人们纷纷猜测她是不是和导演有什么不可告人的秘密。接着，一些娱乐媒体也开始含沙射影地报道此事，这让王丽怒火中烧。

王丽是一个自尊心很强的人，面对外界的流言蜚语压力陡增，身体日渐消瘦。感觉自己没面子，在朋友面前抬不起头，王丽实在忍无可忍。为了挽回面子，保住自己的尊严，她做了一个十分艰难的决定，那就是放弃后面的主演机会，退出演艺圈。

因为主动放弃了主演机会，王丽和演艺圈再无瓜葛，最终错过了大红大紫的机会，最后成为一个普通的白领。

生活就是如此，有时候机会摆在眼前却不知道珍惜，直到失去了才后悔莫及。许多时候，人们总是为了一些无关紧要的事情而担忧，为了维护所谓的面子和尊严丧失宝贵的机会，到头来吃亏的总是自己。

　　面子就像是一个无形的玻璃罩子，让人心里有苦却难以说出。每个人都不希望被别人看扁，都希望在别人眼中能展示一个最风光无限的自己，打肿脸充胖子固然很光彩，但其中的苦涩却是巨大的，自己付出的代价也只有自己最清楚。有些时候，勉强去做一些事不仅会委屈自己，甚至会吃力不讨好，如换来旁人的嘲笑和讽刺。既然如此，我们何不抛开面子，脱下戴着的面具，活出一个最真实的自我呢？

　　中国是礼仪之邦，中国人深受礼教的束缚及文化的熏陶，与人相处讲究谦逊有礼，在这种背景下，人们在社会交往的过程中，往往会把"不好意思"挂在嘴边，殊不知，过度的谦逊就是虚伪，很可能会给对方留下矫揉造作、不真诚的印象，这时吃亏的往往是自己。

　　其实，要面子无可厚非，任何一个人都不想活得邋遢暗淡，但是，死要面子活受罪就不可取了。要记住，凡事要量力而行，对自己能力之外的事情要坚决拒绝，绝不能委屈地接受而让自己承受苦果。

　　要记住，委屈谁都不能委屈自己，当我们自己吃亏的时候，我们要学会放下自己的面子，抛开包袱，做真实的自己，这样，我们才不会让自己活得那么累，我们才能活出属于我们的精彩。

　　其实，想要保住面子并非需要委屈、吃亏才能成全，我们还可以通过其他方式来"要面子"，比如，我们通过不懈努力取得了他人无法企及的成就；我们用我们自己辛苦挣来的钱购买了一套装修奢华的房子；我们用自身的力量培养了孩子考取顶尖的大学……当然，有漂亮的容颜、健康的身体、相亲相爱的伴侣都是我们的"面子"。但为了要面子活受罪是极为不可取的。

第15章 因果定律

别人怎么对你，都是你教的

没有无缘无故的爱，也没有无缘无故的恨。任何一段糟糕的关系，都可以从自己身上找到原因。别人为何这样对你，离不开你的回应。假如你频繁纵容对方，终究会把自己逼上绝境。

懂得维护他人的面子

中国人讲究面子。比如，有些人可以吃闷亏，也可以吃明亏，但却不能吃"没有面子"的亏。为了"面子"，这些人小则可能翻脸，大则可能会闹出人命。所以，我们无论做什么事，在考虑自己面子的时候，也要尽量顾及别人的感受和面子，否则，吃亏的将是我们自己。

那么，"面子"到底是什么东西呢？其实，面子就是尊严。谁都希望自己在别人面前有尊严，被人重视、受人尊重。因此，在与人交往的时候，在为自己争得面子的同时，千万别忘了给别人也留些尊严。

中国古代有一位大侠，名叫郭解。有一次，洛阳某人因与他人结怨而心烦，多次央求地方上有名望的人士出来调停，对方就是不给面子。后来他找到郭解门下，请郭解来化解这段恩怨。郭解接受了这个请求，亲自上门拜访委托人的对手，做了大量说服工作，好不容易使这个人同意和解。

按照常理，郭解此时不负人托，完成了这一化解恩怨的任务，可以功成身退了。然而，郭解还有高人一着的棋，有更技巧的处理方法。

说明事情的原委后，郭解对那个人说："这件事，听说过去有许多当地有名望的人调解过，但因不能得到双方的共同认可而没能达成协议。我在感谢你的同时，也为自己担心，我毕竟是外乡人，在本地人出面不能解决问题的情况下，由我这个外地人来完成和解，未免使本地那些有名望的人感到丢面子。"

接着，郭解进一步说："这件事这么办，请你再帮我一次，从表面上要做到让人以为我出面也解决不了问题。等我明天离开此地，本地几位绅士、侠客还会上门，你把面子给他们，算作他们完成此一美举吧，拜托了。"

《圣经·马太福音》有句话："你希望别人怎样对待你，你就应该怎样对待别人。"在与他人交往的过程中，我们说话的语气要尽量平和，不骄不躁，让他人的自尊心得到充分的保护，这样，我们才能够与对方建立更加良好的人际关系。

比如，我们在与对方的言谈中，要少用一些绝对肯定或感情色彩太强烈的语言，而适当多用诸如"可能""也许""我试试看"等感情色彩不强烈、褒贬意义不太明确的中性词，以便给自己留有"伸缩自如"的空间。此外，替对方在他人面前说好话。当对方取得成就时，主动祝贺对方或适度吹捧对方，圆满及时地化解对方的尴尬，这些都是给他人面子的行为。

人人都爱面子，你给对方面子就是给他一份厚礼。有朝一日，如果你求他办事，他自然要给回面子，即使他感到为难，他也会尽力去帮助你。这便是操作人情账户的精义所在。

给别人留面子就是给自己挣面子，不要做有伤别人面子的事。时刻想着对方，尊重对方，不管对方是大人物还是小人物。今天你为他人保全了面子，对方才会在将来某一天为你撑场面，让你更有面子。

掌握以"让"为"争"的策略

在中国的文化传统里，儒、道两家并重，相辅相成。与儒家相对的，道家提倡"不争"，主张顺应自然。其中，老子最先提出了"夫唯不争，故天下莫能与之争"的观点。表面看起来，这是在劝诫人们"不争"，而目的却是"天下莫能与之争"的功成名就。

在这里，"不争"的实质仍为"争"，这其实是一种以退为进的策略——一种不易为人察觉、保守的进攻策略。处理人际关系的时候，如果只懂得进攻，必然大动干戈，以"不争为争"的韬略最可取。对此，我们可以从象棋对弈中，看到其中蕴含的技巧。

象棋有两种颜色，一种是红色的，一种是黑色的。把象棋拿出来的时候，两个人都去拿黑色的棋子，没有人去拿红色的。

于是，就有外国人问："你们中国人搞什么玩意，连下象棋都去抢黑的，为什么不拿红的呢？"结果，其中一个人回答说："我没有抢黑的，我在让红的给他，我一直在让，我们没有抢黑的。"外国人听了莫名其妙，又问另一个人，结果对方也这么说。

这是一种奇妙的场景：两个人让来让去，没有谁争抢。而外国人满脑子都是竞争，他们看问题的视角就是一个"争"字。这是中国人与外国人思维不同的地方，也是中国人厉害的地方——用"让"来"争"。

"让"为"争"，作为一种处世技巧、关系韬略，被广泛应用在各种场合，是一种秘而不宣的制胜之道。

比如，高明的领导人会让下属充分表现，让对方把内心的想法、诉求呈现出来，而不是上来就大声呵斥，一副惟我独尊的样子；结果，对方表演完了，也就没斗志了，这时候领导人再采取应对策略，就能轻松把对方拿下，达到预期的管理目标。

同样的道理，在经商过程中，高明的商人也是以不争为争的，他们懂得谦卑的道理，善于观察局势，能够冷静理智分析，甚至做出一些在外人看来吃亏的事情，然而最终的结果是，这些人总能获利丰厚，成为最大的赢家。

中国人把"不争"看成最高境界的"争"，是智慧的体现。只要你与大家不争，大家就不会与你争，如果你不与大家争，同时尽量想办法让别人有更多获得感，长此以往，必然关系通达，广结善缘，做任何事情都水到渠成。

让说风凉话的人闭嘴

在日常的生活工作中，我们总会遇到一些不好相处的人："未经他人苦，莫劝他人善。"平行的两只眼睛，不平等地看人；长在左右的两只耳朵，总听一面之词；明明只有一张嘴，却能说出两面话。遇到这种人，你该如何面对呢？

朱自清曾说过："人生不外言动，除了动就是只有言，所谓人情世故，一般是在说话里。"说什么话，往往暴露他是一个什么样的人。人品好的人，该说的话好好说，不该说的只字不提。学会让说风凉话的人闭嘴，是我们人际交往中的必修课。

在同一家公司里，张先生对同事李先生格外反感，经常对其进行言语上的诬蔑和攻击，甚至联合周围的同事去孤立李先生。李先生对此并不在意，只是尽心尽力做好自己本职工作。

终于有一天，李先生问张先生："假如有人送你一份礼物，你却没有接受，那么，你觉得这份礼物应该属于谁呢？"

张先生瞥了李先生一眼，嘲笑着说："那当然属于送礼的人啊！这么简单的问题难道你不知道吗？"

听后，李先生笑着说："没错！如果我不接受你的谩骂和羞辱，那你就是在谩骂和羞辱你自己。"

张先生这才恍然大悟，非常无趣和尴尬地走开了。

稻盛和夫曾说："人与人交往还是少说话，克制表达欲，平静温和就行，不自卑，也别炫耀。别为了获得共鸣，讲起过往没完没了。无意间表现的品质，被对方发现才最招人喜欢，胜过千言万语。仔细想想你哪次滔滔不绝后，带来的不是悔恨，安静早已经成了优点。"智者语迟，愚者话多。我们用三年学会说话，却要用一生学会闭嘴。

但是在现实社会中，总是会有这样的人，顶着得罪别人的压力努力地在你耳边说风凉话，损人不利己。对这种人，我们的做法就是，想尽一切办法让他闭嘴，告诉他：我不需要你的意见，闭上你的嘴。如果你是上例中的李先生，你能像他那样沉着冷静地应对吗？

如果对方不停止说风凉话，你可以暂时不理他，转而征求大家的意见，从而获得大多数人的认可。后顺势而谋，在合适的时机以合适的方式反击。

如果对方心怀不轨，则应立即让对方闭嘴，拆穿对方的邪恶用心，及时止损，助力自己的成长。

必要的时候必须端架子

一直以来，我们受到的教育是这样的：在生活中要做一个能够乐于助人的人，低调做人，不要锋芒毕露，当别人遇到困难时要能够主动伸出援手。因为这样做我们能获得别人的好感。但是，助人也要有个限度，生活中，如果你过于热衷助人，有些人便会觉得你是软柿子，有什么事情都让你去做，即使是一些鸡毛蒜皮的小事也要打扰你。

　　碰到这种人，如果我们一味迁就他，会影响到自己，使自己无法安心地工作和生活。所以，有些时候，我们绝不可以心软，必要的时候一定要端起自己的架子，把自己的身价抬起来，让这些人以后不会再用鸡毛蒜皮的小事打扰你。人的精力和时间都是有限的，如果你不断帮别人做事，留给自己的时间就会减少，久而久之，自己的事情便会做不完更不用说做到完美了。到头来只会有一种结果：你因无法做好自己的事情不会被加薪水，更不会被重用，有时甚至会被那些能力不如你的人淘汰。

　　其实，"架子"绝不是一个消极、负面的东西，比如，有的人说"端架子是摆谱"，是骄傲的表现，是官僚主义的作风。其实，这里所说的"端架子"有着积极而微妙的意义，绝对不是让我们眼高于顶，而是要我们表现出应有的威严。做事时，我们一定要踏踏实实，只有有了能力，才会有真正端架子的资本。需要注意的是，作为领导人必须要会"端架子"。一个人的力量不仅来自于自身的品格、素养，还来自于领导力。在一个群体中，说话有分量的人能够得到众人的追随。因此，我们要懂得端架子，塑造自己的影响力，从而在人际交往中容易办成一些大事，成就大的功业。端点架子自抬身价，让周围的人见识你的威严，才能有效掌控局面，顺利达成预期目标。

　　在一个组织里，如果你处在领导或管理岗位，要始终维护好自身的权威，运用好手中的权力。有影响力的人能够得到众人的认同，乃至令人敬畏，在外界看来自带光芒，这就是大众眼中的端架子。

　　在合理的情况下端架子是对自己的保护，也是让别人尊重自己的手段之一。

永远不做拆台的"小人"

补台和拆台虽一字之差，但却反映了截然不同的人生观、价值观。中国有句有古话："君子成人之美，不成人之恶。"成人之美是美德中的美德，也是我们中华民族的优良传统。"成人之美"不是指单纯地帮助别人实现愿望，而是帮助别人达成实现美好善良的愿望。比如，帮别人干坏事不叫成人之美，而是"助纣为虐。"所以，所谓"君子成人之美"指的是有德行的人尽力为别人创造条件，成全别人的好事。

在职场中，学会做君子不做小人，就是要学会主动补台避免拆台。主动补台是一种工作方法，更是一种职业道德和胸襟胸怀。反之，不成人之美，反而拆别人的台，势必会遭对方的厌恶，甚至会给自己招来祸端。

唐朝时有一个名叫谢原的词赋家，他所作的歌词在民间广为流传。一次，谢原去拜访张穆王，酣饮之后，张穆王让自己的小妾谈氏弹唱助兴，谈氏唱的正是谢原所作的一首竹枝词。一曲终了，张穆王叫谈氏出来拜见谢原。谈氏不仅长得非常漂亮，还精通音律，对谢原写的歌词都十分熟悉，弹唱自如。

次日，谢原为谈氏作了八首新词，谈氏一一谱曲弹唱，两人配合得非常默契，慢慢生出了感情。

不久之后，张穆王发觉了谢原与谈氏二人的私情，但他并没有发怒，而是主动撮合谈氏和谢原，说："其实我早有此意，因为你们两个真是天造地设的一对。"谢原为报答张穆王成人之美的胸怀，和谈氏把此事作词、谱曲，四处传唱。张穆王成人之美的盛名马上传开了，很多有识之士都前来投靠他。

补台考验的是人品、彰显的是境界，你帮别人补台，别人就会愿意为你补台，所谓送人玫瑰、手有余香。

"己欲立而立人，己欲达而达人。"在现实生活中，我们也应该学会思考怎样获得双赢，不做拆台的"小人"。对待辜负我们的人，最好的反击，从来不是歇斯底里地怒骂，而是默不作声地疏离。要知道，比起言语上的争辩，在沉默中强大自我，才更有回击力量。

一荣俱荣，一损俱损。做任何事情都要从长远的角度去考虑，从全局去思考定位。有时候，挟私报复一时爽快，到头来吃亏的却是自己。

当然，工作能力再强，若没有协作的意识，我们在团队中的价值也会大打折扣，甚至毫无价值。因此，生活中我们必须要培养团结协作的精神，要善于相互补台，不做拆台的"小人"。

第 16 章　人心难测

不怕真敌人，就怕假朋友

糖和盐一样，如果不品尝一下味道，很难辨别二者。人和人打交道也一样，人心最难测，如果不经过时间、利益的检验，你永远不知道对方内心是善良的，还是丑恶的。面对复杂的人性和关系，要始终保持警惕。

交朋友前先辨真伪

"交朋友"三个字说来容易，在实际操作中却并不简单，其中有着许多玄妙之处，如果弄不明白，我们很容易落入朋友的陷阱。所以，我们要擦亮眼睛，学会辨别哪些朋友是真心的，哪些朋友是虚伪的。如果你想要获得真心的朋友，你要先考验他，不要过快地把你的信任给予他！因为，某些人平时是朋友，当你遇到困难需要他帮助时他就靠不住了。

比如，你择友不慎，其消极的思想、低下的品格、恶劣的行为很可能会使你生存的环境恶化起来。如果你随波逐流，后果将不堪设想。如果你身边有品行不端的朋友，应该采取敬而远之的态度，尽量避免与这样的人交往。葛拉西安有一句富于哲理的话：把一匙酒倒进一桶污水里，得到的是一桶污水；把一匙污水倒进一桶酒里，得到的还是一桶污水。在生活中，人不能没有朋友，也离不开朋友，而结交那些对你有害无益的朋友，就如同一匙污水倒进了酒桶里，甚至会对你的人生产生巨大的负面影响。所以，我们在结交朋友的时候要擦亮眼睛，要寻找真正的朋友。当然，一个人是虚伪的、貌合神离的还是善良的、真诚的，则需要我们在交朋友之前学会辨认。

经得起考验的人才值得信赖，才可以委以重任。这种考验，既是以时间来证明的，也是危难、关键时刻表现的结果。

汉代的公孙弘为人正直，过着十分俭朴的生活。后来贵为丞相，他吃饭的时候也只有一个荤菜，睡觉时只盖着普通的棉被。公孙弘的做法赢得了人们的称赞，但是也有人表达了反对的意见。

其中，大臣汲黯就向汉武帝表达了自己的忧虑，他批评公孙弘担任着很高的职务，有非常可观的俸禄，但是只盖普通棉被，这说明他在沽名钓誉，而这样做的目的是骗取清廉的美名。

听了汲黯的意见，汉武帝觉得很有道理，就把公孙弘叫来，当面说了汲黯的看法。

汉武帝问公孙弘："你如何看待汲黯的话，他说的都是事实吗？"

公孙弘对汉武帝说："汲黯说得非常正确，在朝堂上的各位大臣中，没有人比他更了解我了，正是因为我们的交情好，所以他能够切中我的要害，给我提出中肯的意见和批评。"

听了公孙弘的回答，汉武帝奇怪地问："既然你们关系好，那么他为什么还要指责你呢，这样的朋友有什么用呢？"

公孙弘镇静地说："真正的朋友是诤友，不在背地里说坏话。汲黯能够指出我的过错，我求之不得。而陛下有汲黯这样忠心耿耿的臣子，也实在是一件幸事啊！"

汉武帝听了公孙弘的这番话，不住地点头称赞他为人谦让，对公孙弘更加信任和敬重了。

对于真心朋友，不要轻易地去怀疑。因为各种猜测和疑虑都会使朋友间的裂痕增大。我们应该相信，只要是误解，便会随着时间的推移而真相大白。

而有些人缺乏与比自己优秀的人交友的信心，总怕被对方瞧不起，这是一种错误的想法。与比我们优秀的人交朋友，我们可以从他们身上学到一些美好的东西，这些美好的东西会使我们变得更加优秀。比如，与那些豁达乐观、积极进取、品德端正的人交往，会使我们的品德更加高尚，这将是我们一生的财富。

想要辨别一个人是不是可以交的真心朋友，我们需从日常生活的相处中了解这个人的性格、品行及其他方面，可以信赖的朋友才能够陪我们度过最困难的日子，才能够陪伴我们走得更远。

有些友谊需要断舍离

友谊这种东西需要靠天意和缘分，能和我们成为朋友的人一定是和我们有缘分的人，和我们成为不了朋友的人，我们也不必强求，缘分自有天意，我们大可不必遗憾。其实，朋友不需要太多，但需要真心，我们要学会对一些友谊断舍离，这是我们变得越来越好的标志。

有些时候，断绝与朋友的交往会是一件十分痛苦的事情，但当你通过交往，明白这段友谊对你来说是有害无益时，就应该长痛不如短痛，收起你的菩萨心肠，在友情的大道上来一个急刹车。否则，藕断丝连必受其害，当断不断必遭其乱。

朋友关系不像父子和夫妻关系那样，事关亲情和法律，也不像上下级之间那样，有制度和法律的约束，聚也容易散也容易。所以，交友不但要慎重，而且朋友之间也应该随时保持距离，把握好交往的分寸。过于亲密或者过于疏离都不利于长久地保持友谊。

其实，在现实社会中，朋友的价值就在于"规过劝善"。批评和自我批评，有错误相互纠正谅解，彼此共同改掉毛病或缺点，互相学习勉励，共同发展，这才是真正的朋友。但规过劝善需要有一定的尺度，尤其是现在一些合伙做生意的朋友更要注意。在难以改变朋友的做法时，那就不要再勉强了，让对方去领悟吧。

朋友之间保持一定的距离，也有另外一层意思，无论多要好的朋友，都不应占用对方太多的时间，不应过多介入对方的家事，不要经常性地无事拜访或经常做不速之客。

很多人误以为好友之间应该无话不谈，亲密无间，却不晓得过多了解别人的隐私和过多介入别人的生活于人于己都是负担。无论你和朋友多么知心，都须明白"疏不间亲、血浓于水"的道理。

人与人的关系，都是阶段性陪伴。到了某些特定时刻，选择断舍离是有必要的。除了彼此的关系变得淡漠，距离变得疏远，我们还要考虑各种潜在的风险。当信任、价值失去的那一刻，也是彼此关系结束的节点。

那么，我们应该对哪些所谓的朋友果断断舍离呢?

靠不住的朋友要断交。交朋友时应两相情愿，不要强求。友情是互相的，即你的付出应有相应的回报，朋友之间应互爱互重、互谅互信。有些朋友在短期内似乎与我们关系不错，但当我们遇到困难需要他帮忙解决时，他早已消失得无影无踪，这样的朋友是靠不住的，在这种情况下，我们应当机立断，与之断交。

志不同道不合的朋友不可深交。共同的理想和抱负，共同的奋斗目标，这是两个人结交的基础，如果两个人在这些方面相差极大，志不同道不合，是很难有相同话题的。这样的两个人在交往时只能互相容忍，无法互相欣赏，很容易造成分歧。这样的朋友尽量不要深交。比如，如果朋友与你的谈话多涉及物质、利益等，那么，这种朋友就不值得我们深交，因为这种朋友和你交往往往是带有目的的。

势利小人不可交。势利小人的一个通病是：在你得势时，他锦上添花；当你失势时，他落井下石。他不懂得什么是真心朋友，他们也不会对朋友真诚。这种人不能交往。

当朋友对你并非真心时，对这段友谊果断断舍离对我们有益而无害，因为断绝了这段关系，我们就会把精力放在一些对我们自身有意义的事情上，或者是我们自己喜欢的事情上，这样，我们才会越来越好，越来越趋近成功。

小心被朋友拖下水

我们所生活的环境，所结交的朋友，对我们的一生都有莫大的影响。可以说，我们交什么样的朋友就会有什么样的命运。

因此，在结交朋友时，一定要慎重。当我们因交际范围小而广交朋友时，一定要擦亮双眼，不要结交那些对你有害无益的朋友，以免被拖下水，使我们也变成品行不端的人。

在选择朋友的时候，我们要努力与那些乐观积极、富于进取心、品格高尚、有才能的人交往，这样，才能保证拥有一个良好的生存环境，获得积极的精神食粮以及朋友的真诚帮助。

与真心且优秀的朋友相处，我们会变得越来越好。相反，如果我们择友不慎，结交了那些思想消极、品格低下、行为恶劣的人，我们会陷入恶劣的环境难以自拔，甚至受到"恶友"的连累，被其拉下水，成为和他们一样的人。

现实生活中，人们为了求生存，必须要有慎重的生活方式和态度。与人打交道时的确要谨慎小心，防止吃大亏，上某些人的当。对人不妨考虑一些防范对策，以防万一，否则待事情发展到糟糕程度时就为时晚矣。

在现实社会里，欺骗、狡诈的人大有人在。大到国家之间的争端，小到个人之间的利害关系，这种欺诈无处不在。因此，与其说欺瞒他人不正当的行为太卑鄙，倒不如说吃亏上当的人太单纯、太大意。

运用到职业生涯中也一样，免不了会遇到出卖、敌意、中伤、陷阱等种种料想不到的事情。因此，必须学会人与人之间虚虚实实的进退应对技巧。如果事先预料这些事的发生，并一一克服，便能使我们的工作生涯一帆风顺。

那么，我们应该结交什么样的朋友呢？

我们要结交懂得自尊自爱的朋友。因为一个人如果不自尊，便无法尊重别人。近朱者赤，近墨者黑，如果我们的朋友都是自尊自爱的人，我们便会在一个清朗健康的环境中健康成长。

身心健康的人，通常不喜欢轻易附和别人的意见。但其具有诚实的本性，不仅能忠实于自己，也能忠实于朋友。与这样的人交往，可以促进我们的身心健康，提高我们自身的品德修养。如果我们本身就是一个有自尊心且身心很健康的人，一定能够很轻易地分辨出对方是否和我们具有同样的性格。这样的人一定是值得我们结交的朋友，他们绝对不会把我们拖下水。

我们在选择朋友的时候，要选择进取的朋友，因为这种朋友会促使、鼓励我们进步，和这样的人做朋友，会让我们成为更好的自己。

这几种人不可深交

"雕刻，就是把不需要的部分去掉的一种艺术。"这句话不只适用于艺术，也适用于交友。换句话说，交朋友就是筛选人的过程，在这一过程中，我们要看清楚哪些人值得深交，哪些人不值得交往。

英国哲学家培根在《论人生》中谈到友情时说道："如果把快乐告诉

一个朋友，你将得到两个快乐；而如果你把忧愁向一个朋友倾吐，你将被分掉一半忧愁。"深交靠得住的朋友，唯有能够与自己患难与共的朋友，才是真正的朋友。

现实生活中，人们越来越渴望扩大自己的交际范围，交得更多可靠的朋友，以获得更多的成功机会。于是，各种聚会越来越多，或许，你还保留着在聚会中与对方交换的名片，记住了对方的电话号码，并真诚地说"以后要多联系"。

然而，拥有了无数的熟人，并不等于拥有很多朋友。如果你想与某个人深度交往，一定要擦亮眼睛，避免误入险境。

首先，我们要小心忘恩负义的人。点水之恩，当涌泉相报，这是做人的基本常识。如果与知恩不报、忘恩负义的人为友，就等于是自掘坟墓。与忘恩负义的人交友，即使你对他们恩重如山，当你遇到困难需要他们帮忙的时候，他们也根本不会帮助你，甚至还会嘲笑你，这样的人不值得我们深交。

远离鸡蛋里挑骨头的人。有一种人，无论他们和什么人打交道，无论做什么事，都能在鸡蛋里挑出骨头，即我们所说的找茬，没事找事。这种人的特点是看什么都不顺眼，看什么都不如意，看别人不是这里有问题，就是那里有毛病，他们能在最完美的东西中发现不完美，他们能在没有问题的地方找出问题，他们能在让人尊敬的人身上发现不能让他们满意的蛛丝马迹。人无完人，有一些不伤大雅的小毛病在所难免，何必鸡蛋里挑骨头呢？这种人不值得深交，因为这种人总是带着挑剔的眼光看待我们，以致我们对自己失去信心。

警惕太注重个人利益的人。世界上不可能有完全不为自己打算的人，但如果只想到自己，不顾道德地为自己谋私利的人却是极度危险的。这种人是自私的，他们往往会为了谋取私利而损害他人的利益，甚至做出违法之事。与这种人交朋友，不但会给自己带来麻烦，损害自己利益的同时还有可能被他拉下水，做出同样违法的事。

如果身边的某个朋友令你和身边的人不开心，或者麻烦不断，那你就要注意了，要审视这样的朋友是否值得交。

总之，交友的时候要慎重，要学会判断什么样的人值得交往，什么样的人不值得交往。远离不值得深交的人，这本身就是一种自我保护。

警惕突然升温的友情

如果有人突然对我们热情起来，那么，我们应该有所警觉，因为对方出现这种行为很可能是因为他对你有所企图。在任何时候，我们都不可以对突然升温的友情盲目感动，我们要学会客观分析，观察他们是否对我们有所图，是否想利用我们，这样，我们才不会被其伤害。

要分析友情是否含有"企图"并不难，我们可以观察自己目前的状况，是否握有资源，例如我们有权有势，那么，这个人有可能想通过你得到一些权势方面的好处或利益；如果我们无权也无势，但是有钱，那么，这个人有可能会向我们借钱，甚至骗钱；如果我们无权无势又无钱，没什么好让别人惦记的，那么，对这突然升温的友情也要保持警惕，有可能对方"项庄舞剑，意在沛公"，想利用我们来帮他做些事。总之，我们对别人突然的热情要保持警惕，防止他们对我们做出不利的事情来。

但是，突然升温的友情也不排除对方是真的想对我们好这一种可能，对这样的行为应保持客观，避免以小人之心度君子之腹，误解对方的好意。人是有感情的动物，对方可能因为我们的言行突然对我们产生无法抑制的好感；虽然有这种可能性，但遇到突然升温的友情，最好还是冷静待之，保持距离，才不会被伤到。

面对突然升温的友情，我们首先要做到不推不迎。"不推"是指不回绝对方的"好意"，即使我们已经看出对方的企图，也不要立刻回绝，但也不可迫不及待地迎上去，前者得罪人，后者则把自己变得很被动。所以，这个时候最好的方式就是不推不迎，冷漠对待。

其次，要做到冷眼以观。"冷眼"指不动情，因为一动情往往会失去判断的准确性，此时，不如冷静地观察对方到底在玩什么把戏，并且做好防御，避免措手不及。一般来说，对方若对你有所图，会在一段时间之后"图穷匕首见"，显露他的真目的。

最后，要做到礼尚往来。对这种友情，我们要"投桃报李"，他请你吃饭，你送他礼物；他帮你忙，你也要有所回报，否则他若真的对你有所图，你会难以脱身。用这样的方式对待别人，必要时我们才可以果断拒绝别人。

总之，要记住：害人之心不可有，防人之心不可无。

第四篇

跨越交往的陷阱

　　人际交往的对象不同，采用的社交策略也会有差异。面对恋人、同事、领导、陌生人，把握对方的心理诉求与利益所在，进而采用不同的说话办事技巧，才能处理好双方的关系，避免陷入交往的误区。

第 17 章　与恋人交往

心眼太小的人撑不起婚姻

爱需要包容，无论在爱情里，还是在婚姻里，都不能少了一颗宽容的心。对爱人斤斤计较，无法容忍对方的缺点，这段关系注定不会长久。我懂你的欲言又止，你懂我的言外之意，这样，二人才能契合一生。

失去信任，爱将名存实亡

有人说，金钱是爱情的基础，没有稳固的物质，爱情便会像失去养分的土地变得贫瘠；有人说，浪漫是爱情的基础，没有花前月下，爱情就会像失去新鲜的空气……对于爱情，金钱与浪漫固然重要，但如果双方失去了信任，爱将名存实亡。

所以，稳固的爱情关系是建立在相互信任的基础上的。

有人可能会说："我之所以会怀疑他（她），完全是因为爱，因为深爱他（她），才会怀疑他（她）。"的确，不信任可能是出于爱，这种理由的确冠冕堂皇，但真的是这样吗？不信任的爱是不理智的，是自私的，与其说是过火的爱，不如说这样的人心中根本没有爱。

一对年轻的恋人爱得热火朝天，早已经到了谈婚论嫁的地步。虽然美丽的姑娘不顾家人的强烈反对毅然决然地投入了小伙子的怀抱，但小伙子心里还是不踏实。自己除了有一颗爱着对方的心，好像什么都没有——没房没车没长相，而他心爱的姑娘却长得貌美如花，而且家境殷实，关键姑娘的父母托人给姑娘介绍了好几个高富帅的对象，而姑娘却只对他情有独钟。

"她是真的爱我吗？她是不是和我交往的同时还和别的男人联系呢？"小伙子心里不断思量着，最后，在一个朋友的怂恿下，他决定试探一下姑娘。

小伙子在一个聊天软件的平台上重新注册了一个号码，然后添加上姑娘，并以一个富二代陌生人的身份向姑娘不断献殷勤。面对陌生男人的挑逗，姑娘不为所动，因为她深爱着自己其貌不扬的男友，她也相信自己的男友也是爱她的。

看到姑娘并没有被自己的糖衣炮弹攻陷，小伙子内心很是高兴，于是，他开始忙着准备向姑娘求婚。

求婚当天，小伙子的朋友们也来凑热闹沾沾喜气。人多嘴杂，正当小伙子拿出戒指向姑娘求婚时，一个朋友笑着说："你假装富二代试探你美丽的未婚妻是不是碰了一鼻子灰？这下你该放心了吧。"

小伙子脸一红，微笑着看向心爱的姑娘，但眼前曾经温柔的姑娘却变得柳眉倒立，她没有理会小伙子递过来的求婚戒指，而是转过身，头也不回地离开了。

小伙子可能的确是爱姑娘的，但他更爱的是他自己，他自卑、嫉妒，他的爱是建立在不信任的基础之上的，如果不信任姑娘，又何谈深爱对方呢？

"长相知，不相疑。"意思是说只有彼此了解，相互信任，才不会对对方产生怀疑。信任，绝对会对一段感情产生影响，甚至会影响一段感情的走向。无论是恋人还是夫妻，失去了信任，哪怕彼此依然相爱，但还是会走着走着就散了。

缺乏信任，夫妻之间就会疑神疑鬼，丈夫怀疑妻子不忠，妻子怀疑丈夫有外遇，于是，夫妻二人各显神通，不是暗地跟踪就是打架吵闹。夫妻是人生的伴侣，如果隔阂越来越深，关系越来越紧张，便会引发出各种各样的家庭矛盾，最后伤害了夫妻感情；夫妻感情淡了，爱自然也便随之变淡，直到消磨殆尽。

爱一个人，便要不自觉地去信任他，信任他，才会更爱他。彼此信任，彼此相爱，相爱的两个人才能携手走过漫长的人生道路。

幸福的婚姻毁于致命的唠叨

在婚姻中，唠叨是最致命的伤害。假如婚姻中的女人拥有世上所有的美德，外貌也十分出众，却唯独喜欢唠叨，有一点小事就对丈夫喋喋不休，那么她所有的优点都将归于零。

女人之所以唠叨，本意可能是好的——只是希望丈夫可以更优秀，婚姻生活更幸福。可是，她却没有想到男人对唠叨持怎样的看法。一位美国社会学家做过一个关于婚姻的调查，被采访的大多数男人都认为：在婚姻中最难以忍受的是女人的唠叨。

作为女人，如果你还在不停地唠叨，是不是应该有所警醒呢？显然，为了维持良好的婚姻关系，让伴侣在心理上更亲近你，停止致命的唠叨显得非常有必要。

托尔斯泰的妻子是一个非常虚荣的人，喜欢华丽的衣服，热爱名声和社会的赞誉，渴望金钱。可这些都是托尔斯泰不太看重的，他一直坚持将小说的版权收入全部捐给穷人，结果引起了妻子的极大不满。妻子一边哭闹，一边责骂托尔斯泰，让他把版权的收入都还给她。托尔斯泰用沉默来回答妻子的胡闹，可是这只会令妻子变本加厉。她在地上打滚，并且威胁托尔斯泰要自杀，其间伴随着不停的唠叨。

终于，托尔斯泰受不了妻子的胡闹，在1910年10月一个下着大雪的夜里逃出了家门，远离了妻子。11天后，他因肺炎死在一个火车站里。

年轻的时候，托尔斯泰和妻子有过幸福的时光。但过了将近半个世纪之后，他觉得妻子好像变了一个人，不知从什么时候起开始不停地唠叨，甚至令人反感。有一天晚上，这位年华已逝的妇人想起以前的幸福生活，便让托尔斯泰为她朗读 50 年前写的甜蜜日记。当托尔斯泰深情地读完这篇充满浪漫情调的日记后，两个人都流下了眼泪。现实早就不似日记那般美好了，可这又能怨谁呢？

托尔斯泰的妻子在临死前终于意识到了自己的错误，她对几个孩子说："是我害死了你们的父亲。"孩子们没有反驳，只是大声痛哭起来。相信在他们心里也知道，是母亲没完没了的唠叨造成了这一悲剧。

有人说过："在地狱中，魔鬼为了破坏爱情而发明的恶毒方法中，唠叨是最厉害的。它永远不会失败，就像眼镜蛇咬人一样，总是具有强大的毒性，常常使甜蜜的爱情破裂，更有甚者置人于死地。"

一项研究表明，男人离开家庭的主要原因之一是因为太太唠叨不停。现实中的女人们，为了让自己拥有一份甜蜜的爱情，为了保住幸福的家庭，请一定要管好自己的嘴巴，一定要记住：祸从口出。

男人理性冷静，女人感性情绪化，如果双方无法迁就对方，就容易让这段婚姻走向失败。在婚姻关系中，女人要管好自己的嘴巴，别变成丈夫眼里讨厌的人。

爱是包容，不是占有

曾有一位哲人这样说：一个人要完全占有另一个人的全部心理世界和感情天地是绝对不可能的。长相厮守的意义不是用柔软的爱捆住对方，而是让他带着爱自由地飞翔。

每个人都向往自由，身处婚姻的人也不例外。男人希望抛开繁忙的工作发展自己的兴趣爱好，女人想有与爱人独自相处的时间。所以，即便你们一起生活，对另一半有更多依赖，也要理解对方这种愿望，并懂得给予对方自由的空间。

对女性朋友来说，这一点显得尤其重要。爱对方，既要牢牢抓住不放手，也要给他自由。别以女性的标准来要求男性，正如亨利·詹姆斯所说："与人相处要学习的第一课，就是别干涉他人寻找快乐的特殊方式，如果这些方式并没有对我们产生强烈妨碍的话。"

琼斯嫁给了一家化工企业的工程师迈克尔。业余时间，迈克尔喜欢装饰室内、修理家具，琼斯也为丈夫的这项爱好感到自豪，因为他把房子修理得非常漂亮，显得那样引人注目。

迈克尔还有另外一个爱好，教家里的苏格兰小猎狗学习表演。虽然是"业余演员"，但是小猎狗有拿手绝活——弹钢琴，开始时先用前爪弹，然后用后爪弹，有时还会用四只爪子一起弹。总之，小猎狗总是将大家逗得哈哈大笑，这一切都是迈克尔的功劳。

琼斯说："妻子如果能鼓励丈夫培养一种爱好，那么就不用担心他去追求别的女人了。只有在生活中感到厌倦的男人，才会背叛自己的妻子。"

真正的爱是可以超越时间、空间的。作为婚姻的双方，请留给彼此一些距离，这距离不仅仅包含空间的尺度，同样包含心灵的尺度：留下你自己独特的性格，不要与我如影随形；留下你自己内心的隐私，不要让我感到你是曝光后苍白的底片。

如果在婚姻中你能做到如下两点，你们的爱情一定会为他人所羡慕：

（1）理解对方，并给予信任和支持。

在生活中培养爱人找到工作以外的爱好，也是给他（她）自由的一种表现。这样不仅让爱人乐在其中，自身也会受益。最重要的是，双方都要互相尊重、信任、理解，我们如果能牢记这个准则，而不是任性做出一些过激的事情，自然容易令婚姻始终甜蜜如一。

（2）夫妻相处之道是张弛有致。

婚姻中发生矛盾的情况，往往是一方只想把对方紧紧地抓在自己手中，唯恐这段婚姻不保；结果，一方抓得越紧，另一方就越想逃离，最后事与愿违。漫长的婚姻生活确实考验人的耐性，所以，在甜蜜的夫妻生活之外，我们必须给爱人一点自由空间，让他（她）投入自己喜欢的事情，别去打扰。这一张一弛的艺术，恰恰是夫妻相处之道的精髓。

十全十美的人可遇不可求

当我们犯了错误，尤其当别人抓着我们的错误不放加以批评的时候，我们会回怼对方说："你不知道人无完人吗？哪有十全十美的事，我觉得我做得够好的了。"的确，人无完人，十全十美的事根本就不存在。那么，既然我们明白这个道理，为何还总是希望自己能找到我们心目中的完人，找到十全十美的爱人呢？

想找一个相对完美的人作为自己的人生伴侣无可厚非，就如我们到市场上买东西，翻翻看看，挑挑拣拣，总希望能买到完全满意的东西，虽然最后可能并不尽如人意，但买到的也是自己认为相对最好的。作为人生大事的恋爱、婚姻则更是不能马虎，自然要精挑细选，这是理所当然的事情。但是，如果一味地刻意去追求完美，那么，则往往会适得其反。

有的男人，喜欢贤妻良母型的妻子，而这样的女人往往没有赚钱能力，依靠丈夫养家；有的男人，喜欢事业型的妻子，而这样的女人往往没有家庭观念，要求丈夫能做个家庭妇男。而大多数女人，喜欢浪漫的男人，而浪漫的男人有的却是花心萝卜，处处留情。男人长得帅，女人会认为他们不安全不可靠，长得一般，又觉得他配不上自己的花容月貌……

总之，男男女女都为自己找不到一个十全十美的伴侣而叹息连连。其实，叹息大可不必，因为世界上根本就没有十全十美的人。如果你非得要找一个十全十美的人，那可能要等到地老天荒了。

一个年轻小伙子长得很帅，家庭条件也很好，周围的人都认为这样的男孩子肯定很好找对象，但让人意外的是，小伙子三十六七岁了依然单身。其实，喜欢这个小伙子的女孩子并不少，但小伙子却总是看不上眼，不是嫌对方身材不好，就是嫌对方长相不好，不是嫌对方学历不高，就是嫌对方不够温柔……左挑右挑总是挑不到合适的，好不容易有个自己中意的姑娘吧，对方又看不上他。结果，一年又一年过去了，小伙子事业发展得越来越好，却总是遇不到他心目中十全十美的伴侣。

世界上没有十全十美的人，即使有，也是可遇而不可求的。即使我们认为遇到了十全十美的人，但还是会出现条件更好的人，就像一句广告词中说的那样："没有最好，只有更好。"

所以，挑选恋爱或婚姻对象时，年龄、身材、相貌，甚至学识都不是择偶的条件，而要全面衡量，挑一个最适合自己的人，而不是挑一个最优秀的人。适合自己的，才是最好的。在与恋人或爱人的交往过程中，也不能求全责备，对方有一点缺点或做得不到位便对其妄加指责，甚至提出分手，这些都是不明智的做法。

在恋爱和婚姻过程中，我们必须要面对现实，跨越理想主义的沟坎，明白世界并非因美丽而可爱，而是因可爱而美丽。每个人都不可能完美无缺，只要内心接受对方，多看到对方的优点和长处，只要心中有爱，只要爱情永远充满活力，爱情的双方便是幸福的，未来的幸福就有了可靠的保障。

因此，择偶时，只有"爱"才是最好的标准。找到彼此之间的和谐点，处理好与恋人的关系，便能使爱情更新鲜，更长久。

翻旧账的人没有快乐可言

每个人在出生的那一刻，都像一张单纯的白纸，任由岁月这支笔在上面随意涂鸦。身体一天天长大，情感也日益丰富，我们做过的一切不能被抹去，那是人生或幸福或苦痛的珍贵记忆。

在岁月里留下的痕迹，有些已经被埋藏在记忆的深处，有些却恍如昨日般历历在目。两个人相知相爱，直至步入婚姻的殿堂，意味着携手一生。婚后生活中如何相处，考验着当事人的智慧。

既然选择共度一生，男女双方就要坦然接受彼此的一切，成为同进退共荣辱的共同体。换而言之，如果在确定了关系之后还要纠结对方的情感经历，那就是一种错误的行为。

不可否认，爱情拥有一种让人患得患失的魅力，基于爱情所做的一切没有什么应不应该，值不值得，只有愿不愿意。然而，结婚之后维系两人的关系，就不再是口头的抽象爱情了，而是一种更理性的契约关系。无论从感性角度还是理性角度考虑，男女双方都要忠诚、信任和尊重对方。

当一种新的关系即将开始，带来的也是一种全新的生活。从这一刻开始，过去的生活只能成为过去，无论做过多么过分的事情都应该坦然接受，宽容和谅解对方，而不是成为日后互相伤害的筹码。

在婚姻生活中要学会宽容，有选择地忘记对方的过错，有原则地原谅对方的错误。这样的忘记和原谅，不是委屈自己，而是记住教训、忘记伤痛。不要把过去的错误一直挂在嘴边，否则会威胁到彼此的未来。

婚姻中，有的人频繁翻旧账，这是对另一半的不信任和不尊重；如果一味地纠缠下去，只会恶化彼此的关系，让情感亮起红灯。在夫妻关系中，记性不要太好，该忘掉的就把它忘掉。不计较对方的疏忽，不在意对方的粗心，不惦记对方的前任……双方才会有和睦、融洽的关系，减少争吵与冲突的机会。

要想在婚姻中不翻旧账，我们可以这样做：

（1）暂时性失忆。

理智面对问题，懂得有意忘却，不让"问题记忆"重复。许多时候，婚姻中的摩擦都是自寻烦恼，选择暂时性失忆才是良策。

（2）不转移坏情绪。

不要将"恨的注意力"转移到其他方面，不要借题发挥，把脾气发到别的事情上。当气从心起时，不妨从"恨的联想"转移到想想对方的长处以及对自己的恩爱，以此来消除心中的不平。

（3）学会沉默应对。

不说话就不会提起过去曾经有过的错误，因为一时冲动的话是最伤人的。心里知道真相，却不说出来，是婚姻中的智慧之举。

第18章　与同事交往

没有永远的朋友，只有永恒的利益

办公室并不是一片净土，相反，这里充斥着各种各样的矛盾与利益纷争。即使我们极力避免与同事为敌，但总会有人暗地里捣鬼，唯恐天下不乱。从利益这个视角审视一切，更容易看清职场真相，越过职场的险滩。

轻信他人就容易被利用

职场上有很多尔虞我诈，但是有很多人认为"那是高层的事，作为普通职员，不存在利益关系，何来的尔虞我诈"。的确，存在利益关系的人最易勾心斗角，作为普通职员，不想平步青云，不想惹是生非，怎么会成为众矢之的呢？

作为职场中的普通职员，我们可能是最容易被遗忘的一类人，但每个人都希望自己有一个良好的发展，并最终获得成功。所以，如果我们不甘心一辈子在工作中碌碌无为，一定不要存有这种心理，而如果想在职场上获得成功，除努力工作之外，还有一点相当重要，就是要提防办公室里的小人，不要轻易相信别人。

小王大学毕业后应聘到一家大型公司工作，因为是刚参加工作，小王在办公室里小心谨慎，虚心向同事们请教。一来二去中，他与邻座的一个同事老马熟悉起来，二人的关系在他人看来就像忘年的哥们儿一样。

老马是公司的老员工，工作上经常能帮助初进公司的小王，小王自然对老马感激涕零，于是，凡老马需要帮忙的时候，小王总是在所不辞。

一天，老马找到小王让其帮助解锁自己的笔记本电脑，老马说他一时记不起密码了，而小王恰好是计算机专业毕业，小王想都没想，很快帮老马把笔记本解了锁。

几天之后，老马突然辞职了，而小王被叫进了经理办公室。经理告诉小王，老马前几天盗取了公司一份很重要的策划方案且去了竞争对手的公司，公司的监控显示，老马是从经理的笔记本电脑里拷贝的策划方案，而帮老马解锁的正是小王。公司考虑到小王事前毫不知情，并没有辞退小王，而只是让他在公司内部写了一份检讨。

如果小王能多一个心眼，不轻信老马，相信他也不会被老马利用，成为老马跳槽新公司的牺牲品。

其实，职场中人尤其是职场中的新人，由于刚进入公司，对公司环境不十分了解，很容易偏听偏信，甚至会像上例中的小王一样由于对某些事情不明就里而被人利用。

虽然说大多数人是善良的，但人的内心世界是很复杂的。有一些人，为了掩饰自己的内心，往往会编造各种各样的谎话，就像人们常说的"见人说人话，见鬼说鬼话"，当你的立场和他的立场相同的时候，他说的话可能会对你有利。而当你的立场和他的立场不一致时，他说的就不是真话了，殊不知，这样的人心里正盘算着如何给他人背后一击，如何踩着他人的肩膀往上爬。因为他想的只是如何去维护自己的利益，虽然他在我们眼里还是一个"好人"形象。

信任他人是一种美德，但轻信他人则是一个人的性格弱点。轻信他人，往往会使自己成为他人的棋子，或是把利益拱手相让。所以，无论什么时候，在什么情况下，我们都要学会以自己的思维来思考问题，不轻易听信别人的话，而是用自己的眼睛去观察，用自己的心去体味，这不仅是一个人成熟处世的表现，更是其走向成功的主要因素。

不能认清对手就会坐以待毙

"事不关己，高高挂起"，这样的处世方式的确可能会给我们免去很多麻烦，但却并不能使我们少招致麻烦。因为，坐以待毙可能会被冠上软弱的标签，最终任由他人宰割。

其实，即使我们再小心翼翼，也总是容易被他人的表面所迷惑。例如，某个同事表面上看起来很友善，而他内心并非我们看到的那样，很可能正算计着怎么从我们这里得到什么好处；有些人看起来很有能力，说话也是铿锵有力，而实际上，他的内心不但脆弱，甚至连最基本的工作都处理不好。如果我们连他人最基本的情况都不了解，在人际交往中，我们怎么能不处于劣势呢？

小雨在一家公司做业务工作，因为自己年龄小，无论是在工作中还是在生活中，只要遇到问题，她便会向同一办公室里的张姐请教。

不久后，小雨失恋了。为了发泄她心中的痛楚，小雨向张姐发了一通牢骚，把自己的恋爱史一股脑向张姐倾诉着，并把工作中的一些不顺心的事也顺便牢骚出来。张姐一边倾听着，一边安慰着小雨。此时的小雨认为张姐是她在这个公司唯一值得相信的朋友。

过了几天，小雨发现办公室里的同事都用一种异样的眼光看着她。这天，经理找到她，告诉她有人说她在背后老是说领导和同事的坏话，并把大致的话说了一遍。小雨一听，这不是自己失恋伤心的时候和张姐说的话吗？此时的她才幡然醒悟，她自以为了解的张姐，原来是最不了解的，她以为张姐是她最知心的朋友，而张姐却拿她当竞争对手。

其实，不论我们身在何处，身处何位，都会面临对我们虎视眈眈的人。当然，他们的表现各不相同，有的表现明显，我们一眼便能辨认，有的则是笑里藏刀，我们很难辨清。但无论哪一种人，只要我们细心观察，便会发现，他们都有三个明显的特质，只要我们能看清其中的一个，便能大致掌握他们真正的心思。

其中的一类是颇具野心、热衷于争斗的人。这种人一般会关注公司里那些颇有才能且被领导重用的人，他们心中充满了嫉妒，想取代他人在领导面前的地位，甚至想取代领导的地位。这种人一般会表现得喜欢自吹自擂，有了一点成绩便喜欢炫耀，而实际上，这种人工作能力并不强，很难胜任领导角色。

另一类人是为了达到自己的目的不择手段的人。这种人也有超强的嫉妒心，但他们隐藏得很好，他们常会给人一种活泼开朗、和善的印象，乐于帮助人，很少有人会把他们与狡诈阴险联系起来。而这类人往往是最危险的，我们很容易会落入他们的圈套中，受到他们的蛊惑和欺骗。

还有一类人是手眼通天的人。这类人是天生的间谍和告密者，他们无时无刻不在竖着耳朵监听议论、传言、闲话等，只要有一点风吹草动，他们便开始编造谎言，散布谣言。这种工于心计的做法不但会打击对手，还能把自己隐藏得很好。

无论是在办公室这个小空间还是公司这个大天地，这几类人都会存在着，只是我们看不清他们的真面目。既然我们躲不开这些隐藏在身边的"毒蛇猛兽"，就必须学会和他们相处，让他们明白，我们并不是任由他们欺负的弱者。

与同事打交道要谨慎

小到一个家，大到一个社会，都是由人组成的，而做人是一门很深的学问，学会做人，学会与人打交道，做起事来便能事半功倍，职场中更是如此。与身边的同事打交道，处理好了，能顺利地开展工作，处理不好，不但会受影响工作，还可能会断送自己的大好前程。

要学会与同事打交道，首先要认清周围的同事属于哪一类人。一般来说，我们身边的同事无非有以下几种：

多嘴多舌的人。这类人像个长舌妇，对别人的事情往往表现出极大的关心，喜欢从他人那里获取谈资然后卖弄一番。对待这类同事，一定不能把自己的真心话告诉他。

口是心非的人。这类人喜欢奉承人，当着我们说一些动听的话，却从来不会做任何对我们有益的事，这类人甚至会在背地里说我们的坏话。

无事不通的人。这类人似乎对世间的万事万物无所不知无所不晓，自认为"博学多才"，其实，如果我们细细分析，便能知晓，这类人所谓的"才"和"学"只是道听途说而已，这一点从他们永远是公司里的一个小职员便能明了。所以，面对这类同事的"热心指点"，我们大可以一个耳朵进，一个耳朵出，否则，很可能会被他们的断章取义引上歧途。

事事附和的人。这类人不会给任何人提出中肯的建议或意见，有的只是鼓励支持，好像他们不会压制任何人的创造力，所以，他们的赞赏从根本上来讲毫无意义。如果我们需要人帮忙，千万不要去找这种人，他们不但不会伸出援手，还会浪费我们的时间。

人格僵化的人。这类人每个公司都会有，他们除了工作好像没有其他乐趣，所以，他们长时间地加班加点，并在每个细节上苦下功夫，这样的人很容易得到老板的赏识，因为他们在任何事情上表现出来的都是一副"鞠躬尽瘁，死而后已"的样子。与这类同事在一起，你永远是被忽视的那个，甚至会被老板批评你不如对方积极。

佯装无能的人。这类人往往表现出技不如人，以虚心请别人帮忙的态度把自己分内的事推脱给别人做。对待这类同事的请求应该持回绝的态度，否则，他们会经常请你帮忙，让他们碰碰"钉子"，他们以后便不会轻易烦你了。

真正无能的人。这类同事是真的没有什么本事，却能被聘用有时甚至被委以重任，和这样的人一起工作，很可能会闹出天大的笑话来。

不管同哪种同事打交道，你都要提高警惕，处理好同他们的关系，使自己免于受到损害。在与同事打交道时，一定要控制好自己的情绪，以一颗平常心冷静地处理；同时，切忌拉帮结派，对待同事尽量做到一视同仁，不根据自己的喜爱搞小圈子，影响团队的凝聚力；即使与某个同事关系再好，也一定要保持距离，尤其不能说同事的坏话。

当然，与同事打交道，态度一定要谦虚，不能太高傲，这样才能让自己得到很好的人缘。

办公室中最常见的捣蛋鬼

矛盾无处不在。不管你身处哪个圈子，即使你再安分守己，力图避免与人为敌，或是在你看来，身边的人也和你一样安分守己，短时间内大家相安无事，但终究会有那么几个人或一个人出乎你的意料，总是想方设法搞出点事来。我们常称生活中的这些人为捣蛋鬼。

在生活中，这类捣蛋鬼更是时刻存在着。他们或是会从语言上败坏我们的声誉，或是会从行动上暗中扰乱我们正常的生活。面对这种人，我们一般会采取回避忍让的态度，认为忍让是一种美德，尤其是在处理人际关系的时候，退一步海阔天空，忍一时风平浪静。的确，很多时候，我们需要忍耐，宽容对方对我们做出的有损我们利益的事，但是，如果我们一味地忍耐，往往会助长对方的嚣张气焰，使得他们认为我们是因为害怕而不敢作声，进而进一步伤害我们。

在工作中，这种捣蛋鬼或许就隐藏在办公室的某一个角落，他们喜欢落井下石，喜欢打小报告，喜欢在同事面前抢风头，喜欢在荣誉面前争功劳……这样的人无孔不入。不要以为这种捣蛋鬼只是小打小闹，认为他们对我们构不成威胁，越是这样的人，我们越要小心。千里之堤，毁于蚁穴。何况我们只是办公室里普通的一员。

小张所在的办公室只有六个人，大家差不多都是同一时间进入公司的，职位上也差不多，所以，很长一段时间以来，大家都相安无事。但这种平静的办公室生活被一个新入职的员工打破了。

听说新入职的小陈以前在竞争对手的公司人事部门任职。因为是新同事，小张和办公室里的同事对小陈都格外热情，小陈也表现得相当谦虚，脸上时刻带着微笑，尤其是对于同年龄的小张，小陈更是称兄道弟。

小张自然也对小陈推心置腹，很快，小陈便融入了这个办公室中。但奇怪的事接二连三地发生。一个多月之后，办公室里的一个同事辞职了；两个多月的时候，又一个同事被开除；半年左右，一个和小张关系最好的老同事也被迫离开……

老同事在离开前，警告小张一定要小心刚入职的小陈，并告诉小张，他和两位同事的离开便是因为小陈经常在领导面前诽谤他们。小张对老同事的话半信半疑，毕竟小陈每天在办公室总是笑脸迎人，各种工作也是冲在前面。

一年之后，小张也离开了公司，直到这时候，他才看清了小陈的真面目，因为当他离开办公室时，小陈一副趾高气扬的样子，还恶狠狠地瞪了他一眼。

如果小张能早些看清小陈的真面目，也许不会落到辞职的下场。

所以，如果我们的办公室里有这样的人，在工作中遇到这种情况，一定要小心应对。殊不知，这种存在于办公室角落里的捣蛋鬼很可能会成为毁灭你工作的导火索，给你的事业造成严重的危害。一旦这些捣蛋鬼向我们发起进攻，我们一定要对之加以有效的反击，不给对方攻击我们的机会。

提防他人射来的"暗箭"

人常说"暗箭伤人最难防"，面对他人射来的"暗箭"，一味躲避肯定不是办法，最好的应对策略是及早发现射"暗箭"的人，以便提前做好防范和应对。那么，射"暗箭"的人会有怎样的特征呢？如果我们足够细心的话会发现，这些人大致有如下几个特征。

比如，上文所说的喜欢出风头、见风使舵的人。这类人的伤害性虽然不大，但却无处不在。这类人喜欢巴结讨好有权有势的人，对不如自己的人则会大放"冷箭"，或背后说人坏话，或有意无意地搬弄是非、传播流言等。遇到这样的人，不必与其一般见识。当然，如果能保证对自身没有害处时适当反击一下也是可以的，因为这样的人一般情况下都是欺软怕硬的。

有些阴险狡诈的人像老鼠一样见不得光，他们也喜欢在背后暗箭伤人，因为这些人的"暗箭"都是一些小动作，即使会伤害到我们的利益，也不会对我们造成致命伤害。与应对见风使舵的人一样，与这类人打交道，最好是敬而远之，避免不了接触的话也要管住自己的嘴巴，否则，很容易被其利用，成为其牟取利益的工具。

相对于前两类人，"毒蛇型"的小人最可怕。这类人总能出其不意地给我们造成致命伤害。这类人多是表里不一、笑里藏刀，表面上和我们称兄道弟，背后却往往阴险无比，向我们射来"暗箭"。与这类小人打交道，一定要提高警惕，千万不要和他们同流合污，不要妄想去感化他们，即便你对他们推心置腹，这类人也会为了利益随时向我们射出致命的"暗箭"。

李刚和赵强同一时期进入同一公司工作。李刚是个性格开朗的人，与同事们的关系处得很好；赵强则性格内向，整天闷闷不乐的，与同事们基本没什么来往。

不久，公司的一位主管辞了职，考虑到李刚与同事的关系不错，会更容易开展工作，而且李刚在工作中比较热情积极，领导决定提拔李刚做部门主管。李刚自然非常高兴，表示一定会好好干。

赵强听说领导打算提拔李刚后，心里很不平衡，背地里讽刺李刚是一个阿谀奉承的人，有时当着李刚的面，赵强也不避讳。李刚不想跟赵强计较，赵强便认为李刚理亏，更加得寸进尺，不断中伤李刚。

几天后，领导找到李刚，告诉他有人向公司写了匿名信，说李刚工作期间做私人的事，甚至有出卖公司情报的嫌疑。

李刚思前想后，怀疑写匿名信的人是赵强，因为赵强总是在嫉妒他、排挤他，整天对他冷嘲热讽的。后来，经公司调查，匿名信上的事都是无中生有。领导更加信任李刚了，正式提拔李刚为部门主管。

后来，李刚得知写匿名信的人正是赵强。

匿名信并没有给李刚带来多大麻烦，而且让他知道了人心险恶，这样，以后在工作尤其在处理人际关系上他便会谨慎多了，这对他一生都会有很大的帮助。

总之，所有暗箭的根源，都来自于利益。只要我们保持清醒，不受到暗箭的影响，便能使我们的利益不受侵害。

千万不要犯了众怒

"若不随大流，切莫犯众怒。"犯众怒会带来什么后果？"众口铄金"
"法不责众"——这便是后果。

众口铄金的本意是说人人都这样说，足以融化金属。形容舆论力量大，
连金属都能熔化。比喻众口一词可以混淆是非。我们招惹了某一个或几个
人，这一个或几个人可能会对我们充满敌意，哪怕这一个人或几个人对我
们大打出手，如果我们足够强大，应该是可以应付的。但如果我们招惹的
是几个人或是更大的一群人，哪怕他们每个人对我们打上一拳，对我们来
说也足以致命。

人们常说，"人言可畏，唾沫星子能淹死人"，一个人的唾沫星子对我
们没有丝毫影响，但一群人如一万人或十万人或更多的唾沫星子对于我们
来说，是真的能把我们淹死了。所以，千万不能犯众怒。

中国还有句古话叫"法不责众"，本意是指某种行为即使应受到法律
的惩罚，但很多人都那样做，也就不好惩罚了。也就是说，即使某项行为
具有不合法或不合理因素，但因其具有一定的群体性或普遍性，法律对其
也难以惩戒。

这句话像是对犯众怒的逆向推理，比如说，在公司的工作中，一个人
因工作失误挨批评了，这个人不但能意识到自己的错误，而且能积极进行
改正。但如果一个部门的同事都在工作中犯了错误，大家便会无动于衷，
心中思量反正大家都犯了错误，挨批评也是大家一起挨批评。而一旦领导
单独点了某人的名字进行了批评，这个人便会心中不服，他会想："大家都

207

犯了错误，而不是我一个人的错，为什么领导只批评了我？"大多数人有着这样的心理，所以，他们会觉得领导所做的批评是吹毛求疵，根本意识不到自己的错误，更不用说改正了。

那么，如果在办公室中不小心惹了众怒该怎么办呢？

对于普通员工来说，惹了众怒你据理力争并不是好办法，结果往往是你越和众人讲道理，众人越生气，这时，倒不如服个软，低个头，俗话说"好汉不吃眼前亏"，坚持自我固然好，但如果直线走不通，大可以曲线迂回。平了众怒，再考虑用其他的办法来解决问题。连众怒都平不了，何谈能解决问题？

对于领导来说，平众怒更显领导风范。比如，公司开会，大多数人都迟到了，在这种情况下，如果领导不管不问，下次开会便会有更多的人效仿，但如果对大多数人进行批评，这大多数人心里肯定会不服气，而且浪费时间，处理起来也有难度。这时，聪明的领导会采取表扬少数的办法来服众，比如表扬准时到会的一个或几个人，以让迟到的人有愧色。

其实，有些人迟到是有正当理由的，如果领导不分青红皂白将所有人都批评一通，有正当理由的人肯定会心中不服，如果他们进行了申辩，其他人也会纷纷效仿，结果不但达不到目的，反而把大多数人都得罪了。所以，表扬少数是最佳做法。

总之，众怒难犯，遇到众怒，切不可一虎对群狼，否则会被群狼吃掉。

第 19 章　与领导交往

不会"向上管理"吃大亏

在团队中，领导是航向标和分配利益的人，决定着我们的命运起伏。学会与领导交往，精准把握领导的性格特点和处事风格，更容易完成工作对接，也有助于个人职业的发展。

千万别跟上司抢镜头

大部分上司都希望自己是最受人瞩目的那个，都希望他人尤其是自己的员工给足自己面子。所以，如果我们希望在公司过得舒服一些，进步快一些，在与上司相处时，一定要谨言慎行，不与上司抢"镜头"，否则，一旦冲撞了上司，就会影响你在公司的发展。

小魏与他的部门经理去参加工商业联合会举办的一个活动。在活动中，有这样一个环节，主持人会问到每一个公司的基本情况与发展理念。当问到小魏公司的时候，经理回答了一句之后便没有下文了。经理答不上来也是有原因的，因为这位经理是空降到公司的，上任时间很短，而且是第一次出席这样的活动，他根本没料到主持人会问到这样的问题。

看到经理答不上来，小魏走上前去，接过话筒，连珠似的道出了公司的发展理念，并向在座的领导们介绍了公司的企业文化。

看到小魏的镜头感十足，主持人笑着对经理说："您得向您的员工学习学习了，我看您回公司后该提拔提拔这位员工了。"经理尴尬地微笑着，伸手拍了拍小魏的肩膀。

回到公司后，小魏一直沉浸在兴奋之中，他自信自己帮经理解了围，经理一定会如主持人所说的提拔自己。几天后，小魏没等到经理的提拔，相反，经理找了一个微小的错误扣除了小魏一个月的奖金。

上案中的小魏应该是出于好心和公司的利益而替代经理回答主持人的问题，但他这样做无疑是抢了经理的镜头。

有些人觉得自己才华横溢，总想表现自己，自以为领导也会欣赏自己，殊不知，领导不但不会欣赏这样的人，还会担心自己会被这样的人替代。所以，混迹职场多年的"老油条"总是会在适当的时候闭上嘴巴，不与领导争功，这是职场生存的一个重要法则。对下级来说，遵守纪律、维护上司权威是最基本的要求。

在与上司的交往中，如果我们抢尽镜头，把本该属于上司的光环往自己脸上贴，恐怕很快就会被公司"炒鱿鱼"。

俗话说"伴君如伴虎"，退一步海阔天空，进一步逼虎伤人，因此，与上司相处，一定要维护上司的尊严，不可抢镜。那么，我们到底该怎样做才算不抢镜的好员工呢？

当发现上司犯错时，不要当众纠正。否则，上司会认为你是不给他留面子，而每个上司都是爱面子的。

当上司犯错时，给他留够"台阶"下，而不是非得争个孰是孰非，你给上司台阶，上司才会在以后的工作中给你留台阶。

无论上司有怎样的喜好和忌讳，都不要冲撞。无论哪种喜好和忌讳，都是上司的私人秘密，如果我们对其横加指责，只会引起上司的反感。

当然，在一些关键时刻尤其是"露脸"的时刻要给上司争面子，给上司锦上添花，多增光彩，也能取得上司的赏识。

面对不如意的上司别挑剔

每个人都认为自己是一匹千里马，都希望遇到像伯乐一样的人，而正如古人所说，千里马常有，伯乐不常有。有些时候，我们遇到的上司不但不能称之为伯乐，还很有可能糟糕至极。如果我们真的遇到这样的上司，该如何应对呢？

小平是一位刚毕业的大学生，进入到一家有年头的国有企业工作。小平的领导是一位年过六十的长者老江。在工作过程中，小平发现，老江总是喜欢墨守成规，对年轻人的一些创意总是没有任何理由地加以否定。小平也提出过有益于企业发展的建议，也被老江否定了。

小平为此很是苦恼，他希望老江能与时俱进，如果那样的话，企业一定能有所突破。但换领导显然是不可能的，所以，小平开始思索怎么才能不动声色地改变老江。

一天早上，老江刚到办公室便看到桌子上放着一本杂志，老江随便翻了翻，发现里面全是业内顶尖企业和人物的成功经验，尤其有一些业内的新科技，领导人的新理念。老江虽然并不想自己的企业有一些大的变革，但作为领导的他，还是喜欢学习一些知识的。老江把这本杂志看完，有一种茅塞顿开的感觉，觉得自己的确是落伍了。在以后的工作中，虽然老江对年轻同事提出的新想法新思路没有表示同意，但再也没有当场否定。

原来，那本杂志便是小平在经过精挑细选后放到老江办公桌上的。小平这种不正面冲突的做法不但改变了老江的陈旧想法，更主要的是使一些新创意、新点子被公司所采纳。如果我们在工作中能像小平这样，一定也能顺风顺水。

作为员工，我们可能只需要应付我们的上司，而作为上司，他面对的却是整个部门或是整个公司的员工。在这种情况下，他难免会顾此失彼，甚至偏听偏信。而且，上司也会有情绪波动的时候，当心情不好的时候，正好遇到工作上的难题，他势必会显得无比挑剔；而心情好的时候，也是有雨有晴天。

在职场中，我们可以控制自己的行为，尽力做好每一件事，但我们没办法控制环境，更没有办法避免遇到一个不如意的上司。有的上司对专业知识一窍不通，有的没有远见，有的喜欢落井下石，有的遇到问题就推卸责任……但作为普通员工的我们，总不能遇到这样的上司便辞职，你能保证下一份工作会遇到一个识得你这匹千里马的伯乐吗？

所以，上司如不如意不是我们能选择的，我们能做的是以积极正面的态度去面对上司，做好自己的分内工作，学会为自己多作打算，这才是作为合格职场人的我们应该做的。

别与难缠的上司正面冲突

很多人会遇到这样的问题，在工作中，无论你做得好与坏，你的上司都会对你横加指责，做得不好，轻则扣奖金，重则开除；做得好，也总是从鸡蛋里往外挑骨头。与这样的上司相处，我们会觉得对方总是在批评我们的工作，不管我们如何努力，对方依然不断地找我们的麻烦，所以我们很是苦恼。

张云在一家公司做业务，他的业务主管是一位四十多岁的男士。张云觉得，他的主管好像有意针对他，交给他的任务总是有些让他摸不着头脑。

一天，主管把张云叫到办公室，对他说："张云，我上次让你去催甲公司的账款你催得怎么样了？"

张云告诉主管，他去甲公司好几次，但甲公司的经理总是以各种理由不见他，任由他怎么死缠烂打，甲公司的人都拿他当透明人。

主管听到张云说账没要到，脸瞬间沉了下来："你怎么早不和我沟通呢？你如果觉得这件事棘手我可以派别的同事去。"

张云连忙向主管保证这几天一定会再去一趟甲公司，一定把账要回来。

213

主管显得有些不耐烦：“你明天就去甲公司，再要不来账你年底的奖金只能扣除了。”

张云连声答应，他刚要转身离开，主管又开口了：“我听说你这些日子上班心不在焉，总是利用上班时间做自己的事，有这回事吗？”

张云不知所措起来，他前几天因为感冒的确是趴在办公桌上睡了一觉，上班时也无精打采的，但他并没有在上班时间做私人的事。

主管根本不听张云解释，而是严厉地对他说：“以后不要在办公室睡觉了，生病了可以请假，在办公室睡觉会影响其他同事的情绪。”

张云只能唯唯诺诺称是。

像上例中张云的主管便是典型的难缠型上司，对张云的解释，不但不理不睬，而且不近人情，对张云的工作也并不是鼓励而是妄加指责。与这样的上司打交道，肯定会麻烦不断。

但是，其实，如果我们留心观察就会发现，这类上司虽然比较难缠，但也不是无依据可循。一般来说，难缠的上司往往具有这些特点：很可能对同事之间的纠纷表现出漠不关心的态度；要求员工事无巨细要向他报告；在员工冷不防的时候随便找个理由来责备；常常小题大做；无法接纳别人的意见，要求员工事事附和他的主张；自以为是，目中无人；习惯斤斤计较，过分关注小节……

与难缠型上司相处，我们要时常提醒自己，并表现出一副希望与上司积极解决问题的态度，我们这样做的目的是让上司明白我们是在认真地与他讨论问题，我们希望寻找出解决问题的方法来。

其实，如果我们能站在上司的立场想一想，会发现他们可能有很多不得已的苦衷。所以，在工作中要避免与上司发生任何正面的冲突，学会尊敬他，也许你会发觉，他并没有我们想得那么不堪。

与不同类型的上司相处

我们不可能一生中只从事一份工作，在工作中也不可能只遇到某一类型的上司，遇到的上司更不可能尽如我们之意。如果我们能学会应对各种类型的上司，便能在工作中如鱼得水，尽可能把工作做到极致。

杨雄初到一家公司时，部门主管是一位中年男士。这位主管看起来很随和，总是面带微笑，杨雄觉得遇到了伯乐。杨雄是一个性格开朗的人，平时总是大大咧咧，口无遮拦，有时顶撞了别人也没有察觉。

一天，在向主管汇报工作时，杨雄问主管道："昨天我在一家夜总会门口看到有个人特别像你，那是你吗？"看到主管脸上有些尴尬，杨雄接着说，"男人嘛，有时放松放松也正常，没有什么难为情的。"

过了几天，杨雄便被主管调往分公司的一个不起眼的部门。

杨雄之所以被调走，与他不会与上司相处是分不开的，杨雄没有认清主管的偏好，把一个不喜欢被揭隐私的人的隐私公开，自己自然得不到好果子吃。

其实，我们在工作中无非会与下面这些类型的上司打交道：

与平庸型上司打交道，不要只盯着他的短处，而要努力发现他的优点和长处，如果上司是前辈，更不能要求他适应年轻人的心理需求，但你绝对要做好知识与才能方面的储备，因为说不定你的上司会突然易主，毕竟平庸型的上司不会任职很久。

与优柔寡断型上司打交道，一定不能莽撞，要考虑细致，比如在提出方案时，必须仔细推敲，确信没有漏洞再提出来，这样上司比较易于接受。

与挑剔型上司打交道，一定要摸清他的工作路数和好恶情况，并让他全面了解你的情况，向他多汇报多请教，这样，他自然不会对我们加以否定，转而会肯定或赞扬。

与虚伪型上司打交道，可以委婉地点出你早已识破了他的虚伪诡计，同时表示自己是一个重感情、讲义气的人，如果他坚持表面敷衍，那么，我们也没有必要对其客客气气。

与嫉贤妒能型上司打交道，要谦恭请教，满足他的权力瘾，不可聪明外露而令其自惭形秽。

与独裁型上司打交道，我们大可不必一味迎合，而应不卑不亢，大胆说不，该执行则执行，该拒绝则拒绝，否则只会加剧上司独断专行的心理定式。当然，其间还要讲究一定的处事技巧，比如先礼后兵。

如果我们的上司不信任我们，我们不必向上司抱怨，而要旁敲侧击，有了成绩不要沾沾自喜，而是要把荣誉让给上司。久而久之，不信任我们的上司也会愿意把成功的机会留给我们了。

与多疑型上司打交道，要小心谨慎，说话不要随随便便，凡事都要从上司的角度考虑，看到你谨小慎微，上司的疑心自然会消除不少。

无论遇到哪一种上司，都要以不变应万变，而不是试图去改变上司。

别踩功高震主这个坑

中国有句古语："枪打出头鸟。"也有"谦受益，满招损""木秀于林，风必摧之""直木先伐，甘井先竭""山突起则丘陵妒"等说法，意思都是说不谦虚的人会遭到别人的嫉妒，或是群起而攻之。

在中国历史上，因功高震主处理不当而招致杀身之祸的人不在少数，如秦时的白起、汉时的韩信、宋时的岳飞、清时的年羹尧等，但也有一些功高震主之人处理得当而全身而退的，如秦时的王翦、汉时的萧何、隋时的李渊等。

在职场上，如果某个人功高震主，同样会给自己带来麻烦，

苏朋自李总创业以来便跟随其左右，同甘共苦，对李总忠心耿耿。二人共同经历了创业路上的许多困难，好不容易公司才走上了正轨，并开始盈利。作为多年的战友，李总对苏朋也非常信任，非常器重。就这样，很多年过去了。

但最近的一件事却使二人产生了矛盾。某杂志社采访苏朋，希望他能讲一讲该公司的发展史，并讲一讲李总的奋斗史。谁料，健谈的苏朋在采访中俨然把自己当成了主角，讲了自己是如何陪同李总创业，李总是如何在他的帮助下渡过各种难关等，夸耀自己在公司中的地位和功劳。

文章刊登后，李总虽然没有表现出任何不悦，但没过多久，便找了个借口，把苏朋的职位和待遇都降了一级。而苏朋则认为李总忘恩负义，从此，两人关系一落千丈。最后，苏朋不得不离开了公司。

职场中，像苏朋这样的人数不胜数。他们工作努力，业绩突出，往往会有以自我为中心的心态，尤其当他们对公司有重大贡献的时候，往往会认为公司没有他不行，甚至不惜冲撞上司，大有功高盖主之势。这种做法即使没有威胁到上司的权威，也会在上司的心理上产生压力。

任何一个上司都不喜欢下属功高震主，在职场上锋芒毕露、风头出尽的人，往往是上司最不待见的人。在工作中，我们不能让上司感到你比他强，让他产生随时有被你取代的危机感。要知道，上司喜欢的是能力一般，但忠诚而不圆滑的人。所以，任何时候，我们都要清楚自己是谁，处在什么位置，为了不功高震主，我们一定要低调行事，收敛自己的气场和言行，

给足上司面子；学会谦功让劳，给上司脸上添彩；在表现自己的同时，要避免功高盖主，给自己留有余地。低调做人、高处成事才是一种大智慧。

总之，在与上司打交道时，一定要遵循前人的教训，维护上司的权威，做任何事都要让上司高你一筹，这样才可以更好地保护自己。

第 20 章　与陌生人交往

善于和不同的人打交道

　　每天接触到大量的陌生人，有的是一面之缘，有的是潜在客户，善于和各色人物打交道，无疑是一项重要的生存技能。学会客气和客套，赢得陌生人的认可，达成我方的目标，便是成功的开始。

别忽视每个与你相遇的人

每个人都希望遇到生命中的贵人，何谓贵人？贵人就是在生活和工作中能对我们施予援手、给予帮助、对我们有重大影响的人。如果能遇到几个帮助我们渡过难关的贵人，成功便会变得不再那么困难。

虽然我们希望遇到贵人，但贵人到底长得什么样子？是胖是瘦？是高是矮？是丑是美？恐怕谁也无法回答。有人可能会说："贵人肯定是有钱的人。"真的是这样吗？贵人不分胖瘦，不分高矮，不分丑美，也不分贫富，如果一个穷人的一句话给你启发，使你因此而做出了改变，那么这个穷人便是你的贵人。既然我们辨别不清谁是我们的贵人，我们便不能忽视每一个与我们相遇的人。

徐方是一个土生土长的农民，靠着辛苦劳作攒下的钱开了一家小饭店。一天，天下着大雨，店里客人寥寥，徐方闲来无事，便在饭店窗前的桌旁坐了下来。几分钟后，一辆黑色的小轿车进入徐方的眼帘。车主顶着大雨下了车，在车前车后看了看，急得左顾右盼，显然，轿车出了故障。

徐方拿了两把伞来到轿车前，撑开伞，对车主说："您好，我是这家饭店的主人，要不您进来避避雨吧。"车主满脸焦急地对徐方说："师傅，是这样的，我今天有急事需要去市里一趟，谁知车子半路抛了锚。"徐方见状忙说："要不这样吧，您要是信得过我，我把您送到市里，您把车子放在这儿，明天您再来取。"

就这样，徐方开车把故障车的车主送到了市里，车主对徐方再三感谢。

第二天，一辆黑色宝马车停在了徐方饭店的门前，昨天故障车的车主从车上走了下来，并紧紧握住了出门迎客的徐方的双手。

原来，故障车的车主是本地的一位著名企业家，而昨天他去市里是要谈一笔数额很大的生意。幸亏徐方及时把他送到了市里，才使得这笔生意成功谈成。为了表示对徐方的感谢，这位企业家决定要投资徐方的饭店。在他的支持下，徐方不但扩建了饭店，还在县里和市里开了几家连锁店。就这样，徐方很快发达起来。

谁不想结交含金量高的人？谁不想结识能给自己帮助的人？但这些人的脸上并没有写着"贵人"二字，任何人都有可能成为向我们施以援手的贵人，他可能是我们的上司，可能是我们的同学，也可能是一位未曾谋面的陌生人，所以，不要忽视每一个遇到的陌生人。

而且，陌生人会成为熟悉的人，众多熟悉的人会带给我们一张庞大的人际关系网，千万不要小瞧这张关系网，如果你渴望成功，这张网绝对能带给你不容小觑的力量。

站在对方的立场想一想

经验表明，了解一个人的最佳策略是放下架子，设身处地进行换位思考，许多问题往往会迎刃而解。与陌生人交往的时候，如果你想赢得信任和友谊，务必要主动站在对方的立场考虑问题。

肯尼斯·古德在《如何点人成金》一书中这样写道，"你对个人事务有多上心，对世间万物就多冷漠。世人都有相同的感受。只要人们能认识到这一点，就能够像林肯和罗斯福一样，掌握人际交往的坚实基础——同

221

理心是为人处世的制胜之道。"

如何站在对方的角度考虑问题？我们不妨认真问问自己："如果我是他，我会怎么想，怎么做？"这样做会为你节省不少时间，也可以避免不必要的麻烦。因为对事情的起因不讨厌，也就不会厌恶结果。当然，这样做也会让你的人际交往能力日益精进。

凯特经常到离家不远的森林公园里散步。那里树木浓密，每年都会有山火发生。这些火灾除了由乱丢烟蒂引起，还与人在公园里烧烤有很大关系。尽管公园在显要位置安装了告示牌，也有巡查人员执勤，但是仍然有人在树下生火烧烤。对此，凯特非常生气。

看不惯那些烧烤的年轻人，凯特多次冲到众人面前，警告他们在公园里生火会被罚款，甚至被警察逮捕。凯特居高临下地命令他们灭火，如果对方不顺从，他甚至会以报警相威胁。那时候，凯特毫无顾忌地发泄内心的不满，从未想过对方的感受。

结果，这些年轻人确实灭了火，却是不情愿的屈服。等凯特离开之后，他们就会重新点火，继续烧烤。

随着年龄的增长，凯特对人性有了更多了解，也掌握了一些沟通技巧，逐渐明白了站在对方角度考虑问题的重要性。后来，他再也不颐指气使地下命令，而是耐心与他人交流：

"孩子们，玩得愉快吗？你们在用什么做晚餐？老实说，我小时候也特别喜欢玩火，现在也喜欢。可是你们要知道，在这里玩火很危险。我知道你们不是故意搞破坏，但是有一些坏孩子就不像你们这么小心了。他们看到你们生了一堆火，他们也生起一堆火，但是他们回家的时候却没有把火扑灭。结果，周围的树叶被烧着了，接着大树也被烧着了。孩子们，你们难道愿意所有的树木都被烧毁吗？你们是否愿意在山那边的沙坑里生火呢？那样就不会造成破坏了。好了孩子们，祝你们玩得愉快。"

这番话没有指责，但是效果却很好，孩子们很乐意合作。他们感觉得到了尊重，保住了面子，因此听从了建议，不在公园里生火了。这是因为凯特顾及了他们的感受，站在他们的立场考虑问题，从而顺利解决了问题。

杰拉德·尼伦伯格在《走入人们的内心世界》一书中写道："如果想让沟通变得顺畅，请像重视自己的感受那样重视他人。请在协商之初就表明议题，并在讨论开始前仔细斟酌一下，如果你是对方，你是否愿意听到这样的话。如果你希望对方认可你的观点，请先接受他的观点。"

与陌生人交往的时候，如果你善于站在对方的角度考虑事情，多从他人的角度分析问题，一定会迅速拉近双方的距离，并有效解决眼前的难题。

别错过你生命中的贵人

一个人要想成就一番大事业，光靠自己一方面的力量是不够的，在力量不够大时，还要善于借助贵人的力量。从成功需借助外力的角度看，人生至少要找一位贵人相助。个人的努力像爬楼梯一样，脚踏实地，而所谓这种贵人的出现，就相当于乘上电梯。

人们一直相信"爱拼才会赢"，但偏偏有些人即使拼了也不见得赢，关键原因可能就在于缺少贵人相助。在攀爬事业高峰的过程中，贵人相助往往是不可缺少的一环，它不仅能替你加分，加快你的发展速度，还能增加你成功的筹码。

在韩国有这样一个小伙子：他曾受到过良好的教育，但家境贫寒。在他二十多岁的时候，他遇到了人生第一次重要的选择。当时他可以选择去美国当外交官，也可以选择去印度。去美国自然是风光无限，但是消费水平高，他需要挣钱补贴家用，所以他选择去了发展中的印度。

虽然目的地不是太称心，但这个小伙子到任后很快以自己的才气，引起了韩国驻印度总领事卢信永的注意，他发现这个小伙子谈吐不俗，思路缜密，办事沉稳，很多棘手的问题到了他手里都会迎刃而解。

卢信永非常看好这个小伙子，并牢牢地把他记在自己的脑海里。当然，在这个过程中，小伙子也意识到卢信永表面冷漠，内心热情，更可贵的是他有极其丰富的外交经验，并乐于向自己传授。

所以，这个小伙子更加谦虚地向卢信永取经，也更加卖力气地四处奔波，把领事馆的事务打理得井井有条。后来，卢信永担任了韩国国务总理，他首先想到的是十几年前在印度一起共事过的那个小伙子，立即把他推荐到了总理府工作，后来更破格提拔他担任了总理礼宾秘书、理事官。

小伙子的职务像坐了直升机一样，以至于他不得不为自己跑得太快而向自己的前辈、亲友和同事写信道歉："我晋升太快，很抱歉！"不过道歉归道歉，他依然继续高升，虽然也经历了一些坎坷，但他最后还是登上了联合国秘书长的讲台，他就是——潘基文。

毫无疑问，卢信永是潘基文一生中的贵人。如果没有卢信永这个伯乐，潘基文这匹千里马或许就会被埋没。在奋斗过程中，潘基文并非被动地等待贵人相助，而是靠自己的实力积极主动地争取得到贵人的赏识。

贵人常常能够缩短你的奋斗时间，指给你成功的捷径。得到贵人的热心相助，你必须做好以下几点。

（1）与贵人交往时不卑不亢，知恩图报。

现实生活中，贵人往往在知识、技能、经验、人脉等方面有超过你的地方，对于这些，我们应该谦虚谨慎地学习，但注意不要过度地恭维，以至于到了溜须拍马让人感到肉麻的地步。同时也要注意的是，贵人在帮助你的过程中，也许会有一点点私心，他们的底线只是需要你记住他们帮助过你而已，但如果你一旦功成名就就立刻翻脸不认人，做了"念完经打和尚""吃饱饭骂厨子""学会手艺饿死师傅"的主儿，恐怕你离碰壁就不远了。

（2）得到贵人相助不是终点，而是新的起点。

有的人处心积虑，终于到达了人生事业的巅峰，从那以后就不思进取，沉醉在自己成功的喜悦之中不能醒来，这是很危险的，不仅会让帮助你的"贵人"大丢颜面，更有可能让你跌下深渊，摔得很惨。

急着亮出底牌吃大亏

人活一辈子，避免不了与形形色色的人打交道。而我们则不可能对所有接触的人都十分了解。有时候，看似善良的人，可能虚情假意，满腹的算计；而看似精明的人，也可能憨厚老实。所以，不要轻易给一个人下结论，既然我们很难分辨出一个人的好坏，就要管住自己的嘴巴，多说招怨，瞎说惹祸。正所谓言多必失，多言多败。同时，我们更不要把自己的底牌过早地亮给别人，否则，吃亏的只有我们自己。

底牌是扑克牌游戏中最后亮出的牌，比喻留着最后动用的力量。对我们来说，底牌就像守护神，意味着我们还有退路。我们的每一项特长和优势，都是支撑我们生命高度的立柱。当我们把这些特长和优势毫无遮掩地暴露在别人面前时，很容易受到别人的攻击。所以，莎士比亚说："不要想到什么就说什么，凡事必须三思而行。"如果所有人都知道我们手里握着的底牌是什么，我们哪还有赢牌的机会？

一位留学美国的计算机博士在毕业后回国找工作，为了能找到一份高薪且合适的工作，他准备好所有的证书，但结果却是接连碰壁：小公司表示请不起博士生，大公司则觉得这位刚刚回国的博士生没有实际工作经验。

堂堂计算机专业的博士生怎么会找不到一份合适的工作呢？小伙子决定换一种找工作的方式。他把他所有的学位证书收了起来，而是以一种最低身份去求职。

很快，小伙子被一家电脑公司录用，但职位却是做最基层的程序录入员。程序录入是一份简单到不能再简单且稍有学历的人都不愿去做的工作。小伙子欣然接受了这份工作，且干得津津有味。工作了一段时间后，电脑公司的经理发现小伙子并不像一名简单的程序录入员，因为他能看出程序中的错误。在经理的询问之下，小伙子亮出了自己的本科学历证明，于是，经理给小伙子调换了一个与本科学历对口的工作。

一段时间之后，经理又有了新发现，小伙子在新的岗位上不但游刃有余，还提出不少有价值的建议。在经理诧异的目光中，小伙子亮出自己的硕士学位证明，经理又一次给小伙子调换了工作。

在以后的工作中，经理开始留意观察小伙子，他发现，这个小伙子对计算机专业知识有着非常人可及的认知，于是，他再一次把小伙子叫到办公室。这时，小伙子才亮出博士学位证明，经理毫不犹豫地重用了他。

为人处世应设法保持自己的神秘，亮出自己底牌别人便会按牌来攻，输势在所难免。上例中的小伙子，对于自己的高学历并没有和盘托出，而是小心谨慎，步步为营，最后得到了经理的重用。

作为曾经的华人首富，李嘉诚在商业投资中遭遇过无数的竞争与谈判对手。除了不断总结经验之外，他总能隐藏好自己的底牌，从而在最后时刻一击成功，显示出高超的谈判艺术。

其实，不管我们混得好坏，都没有必要向别人炫耀或是诉苦，而应该留一手，如果我们把底牌全露出来，没有筹码在手上，不是被别人利用就是被别人攻击。而要做到严守底牌，最好的办法就是以静制动，不要让人们把我们里里外外一览无余。

守护住自己的人生底牌，才能在岁月的累积中成就一番骄人的事业。

不懂退让，往往两败俱伤

"退一步海阔天空，忍一时风平浪静。"人们常用这句话劝慰别人，做人要宽容，要懂得退让，但每当自己遇到需要忍耐退让的时候，却总是控制不住自己。

"处世让一步为高，退步即进步的根本；待人宽一分是福，利人实利己的根基。"这是《菜根谭》中的一句话。有时候，不争是一种精神，退让是一种智慧。一个人懂得适时退让，才能处世自在、家庭美满，否则，争强好胜便会处处树敌。

懂得退让的人，总葆有一种豁达通透的人生态度，他们不计一时之长短、一事之是非。在必要的时候，后退一步，避其锋芒，不仅能赢得旁观者的尊重，更能赢得对手的尊重。

廉颇蔺相如的故事从古传到今，早已家喻户晓。

战国时期，赵国名将廉颇因战功赫赫，被拜为上卿，而蔺相如则因"完璧归赵"有功被封为上大夫，后又因在渑池之会上维护了赵王的尊严被提升为上卿，位在廉颇之上。

廉颇对此很不服气，处处为难蔺相如，并扬言道："如果我遇见蔺相如，一定要羞辱他。"廉颇的话传到了蔺相如耳朵里，蔺相如并没有生气，相反，每次遇到廉颇，他总是远远避开。

一天，蔺相如的门客毫不客气地斥责蔺相如软弱无能。蔺相如说："以秦王的威势，我尚敢正面呵斥、羞辱，难道我会怕廉将军吗？强大的秦国之所以不敢对赵国发兵是因为赵国有我和廉将军，如果我们二人相斗，必定不能共存，到时秦国便能乘虚而入了。"

后来，蔺相如的这番话传到了廉颇的耳朵里，廉颇羞愧难当，便背着荆条向蔺相如请罪，从此和蔺相如成了很要好的朋友。

正是蔺相如的退让使他与廉颇得以共存，进而使秦国对赵国不敢轻举妄动。古人懂得退让，现代人同样需要懂。我们经常会听到一些人尤其是年轻人因为一点小事便打斗起来的事件。如果其中一方能加以忍耐，适时退让，可能也不会落得个两败俱伤的后果。如果我们遇事能给自己五分钟，冷静的思考，一定可以拥有更开阔的心境，做出更睿智的决策。

为了更好地进，我们可以暂时退让；为了一些无关紧要的事，我们可以主动退让；与他人遭遇碰撞的时候，我们要果断退让；意识到自己做错的时候，我们可以积极退让……总之，生活和工作中我们会遇到许多事情，如果我们不懂得退让，不但会伤了别人，也会伤了自己。

当然，退让不能妄退，而是要掌握主动权，思虑周密，小心谨慎，做到有的放矢地退让。要知道，退让并非懦弱的表现，而是一种做人做事的修养。